Gabriele Bräutigam / Stefan Meyer
Schattenspiele für die Grundschule

Gabriele Bräutigam / Stefan Meyer

Schattenspiele

für die Grundschule

Auer Verlag GmbH

Gedruckt auf umweltbewußt gefertigtem, chlorfrei gebleichtem
und alterungsbeständigem Papier.

6. Auflage. 1999

Gesamtherstellung: Ludwig Auer GmbH, Donauwörth
ISBN 3-403-0**1357**-X

Inhalt

Vorwort

Seit einigen Jahren erfreut sich das Schattenspiel, speziell das Figurenschattenspiel, zunehmender Beliebtheit bei Kindern und Lehrern. Die Gründe hierfür liegen sicher in der Vielzahl an wertvollen Inhalten, die es in sich birgt.

So dient es, gerade in unserer leistungsorientierten Gesellschaft,
- der persönlichen Selbstfindung,
- der Entfaltung kreativer Fähigkeiten,
- der Entwicklung emotionaler Ausdrucksweisen und ihrer Umsetzung in spielerische Aktivitäten,
- der intensiven Gruppenerfahrung bei der Kooperation im Rahmen des Gestaltungsprozesses,

um nur einige Aspekte zu nennen.

Didaktisch kann es sowohl fachbereichsintegrativ als auch fächerübergreifend eingesetzt werden. Je nach den schulischen Gegebenheiten mag der Weg von kurzen Szenen bis hin zum Einstudieren eines Spiels für eine Aufführung gehen. Es ist oft schwer verständlich, weshalb sich Lehrer nicht an diese Form des darstellenden Spiels heranwagen. Der Aufwand an Zeit und Material, verglichen mit dem erzieherischen Wert dieser gemeinschaftlichen Aufgabe im Unterricht, rechtfertigt alle Arbeit und Mühe.

An welchem didaktischen Ort der Lehrer jeweils das Figurenschattenspiel im Unterricht einsetzt und welche Fachbereiche er zur Verwirklichung der gesteckten Ziele heranzieht, entscheidet er in pädagogischer Freiheit und Verantwortung. Mit der vorliegenden Schrift beabsichtigen wir nur, den Lehrern eine Handreichung zu geben, um sie ohne große Vorkenntnis in die Welt des Schattentheaters einzuführen und dadurch zu einer intensiven Beschäftigung mit diesem Spiel anzuregen. Wir sparen uns weitgespannte theoretisch-geschichtliche Einführungen und versuchen, Möglichkeiten praktischer Durchführung aufzuzeigen. Das darin enthaltene Textangebot ist als Anstoß gedacht und soll zu eigenem Gestalten zusammen mit den Kindern anregen.

Gabriele Bräutigam
Stefan Meyer

I. Teil: Theoretische Grundlegung

Begriffsdefinition: Schattenspiel

Das Schattenspiel ist eine dramatische Darstellungsart, bei der die handelnden Figuren dem Zuschauer nicht in direkter Sicht zugänglich sind, sondern indirekt hinter einer durchscheinenden Fläche erscheinen. Dahinter werden sie bewegt und geführt und wirken durch die dort angebrachte Lichtquelle schattenartig.

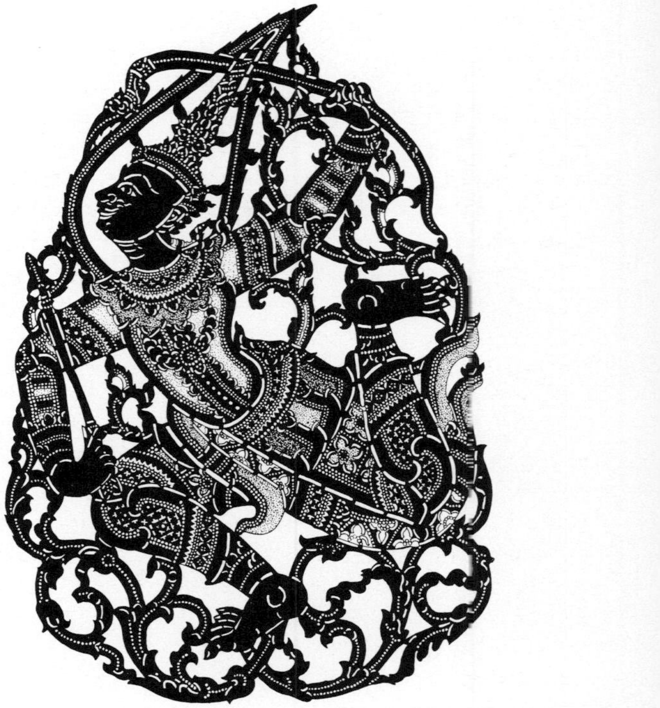

Phra Ram, Schattenspielfigur aus dem Nang Luong, Thailand

Herkunft des Schattenspiels

Durch den Wechsel von Licht und Schatten, von Hell und Dunkel, gewinnt das Spiel große Ausdrucksmöglichkeiten. Da früher das Kerzenlicht als Lichtquelle verwendet wurde, war der optische Reiz durch die Bewegtheit der Flamme und der dadurch unterschiedlichen Lichtintensität sehr reizvoll, fast geheimnisvoll. Das kam auch den Inhalten des Schattenspiels entgegen, die oft, allerdings nicht immer, religiöser und magischer Natur waren. Schattenspiele wurden nicht zuletzt aus Angst vor drohendem Unheil im Fernen Osten aufgeführt und hatten beschwörende Funktion. Wer einem Schattenspiel zusah, war gegen böse Macht gefeit. Aus diesem Grund wurden manche Spiele zu wichtigen Lebensabschnitten, z. B. Geburt, Hochzeit, Berufswahl u. a. Anlässen aufgeführt. Interessant ist, daß dort die Spieldauer der Schattenspiele zwischen einer Stunde und einigen Tagen schwankte. Die Dauer war weitgehend vom epischen Inhalt und von der Intention des Spiels (Dämonenabschreckung) abhängig. In diesem Sinne haben Schattenspiele eine gewisse rituale Bedeutung.
Die Puppen wurden vielfach aus gegerbtem und ungegerbtem Leder sowie aus Holz und Papier hergestellt. Sie waren teils flächig und unbeweglich, teils dreidimensional und beweglich, teils reine Figuren oder Figuren innerhalb einer ornamentalen Komposition. Auf die künstlerische Gestaltung wie Bemalung, Stickerei und Ausstattung wurde großer Wert gelegt.
Die Häute der Tiere wurden einer speziellen Behandlung unterzogen, so daß sie durchscheinend wurden, d. h., pergamentartig wie heute noch im Handel erhältliche Lampenschirme. Dadurch kam auch die kunstvolle Bemalung bei

„Guter Typ"

„Böser Typ"

Beleuchtung zur Geltung. Die Bemalung war keine deckende, denn die Farbe zog ein und durchdrang den nassen Werkstoff Leder. Daher ist die Ausdruckskraft der Farben besonders bei den indischen Schattenfiguren sehr kräftig. Bei den Figuren anderer Länder gab es nur einen matten, mehr oberflächlichen Farbauftrag. Als Farben wurden durchwegs frische Pflanzenfarben wie bei alten Teppichen verwendet. Heute sind diese Farbstoffe durch künstliche Pigmente ersetzt. Allerdings gab es auch unbemalte Lederfiguren, die allein als Silhouette wirkten. Durch besondere Behandlung des Materials mit Ölen und Farben ließen sich Papiere durchscheinend machen und einfärben, so daß es gelang, farbige Bilder umrißhaft zu projizieren.

Den Genuß der kunstvoll bemalten oder mit Gold und Silber belegten Schattenfiguren hatten jedoch nur die Männer, die beim Wayangspiel mit den Spielern vor dem Wandschirm saßen und das Agieren der Figuren direkt verfolgen konnten. Die Frauen mußten sich mit dem Schattenbild begnügen, denn sie saßen hinter dem Schirm.

Die dargestellten Schatten waren keine Porträtsilhouetten, sondern Fantasiegebilde oder phantastische Gestalten aus dem Reich der Mythologie. Da man in den Schatten die Seelen der Verstorbenen sah, hütete man sich vor realistischen Kopfsilhouetten oder der Porträtierung irgendeines Menschen.

Über die Herkunft des Schattenspiels fehlen bislang eingehende wissenschaftliche Untersuchungen. Man nimmt jedoch den ostasiatischen Raum durchwegs als Entstehungsort an. Die Verbreitung der fernöstlichen Schattenspiele auf den europäischen Raum läßt sich datenmäßig nicht exakt fixieren. Man ist aber der Meinung, daß auf Grund der Handelsbeziehungen diese Spielform zuerst über seefahrende Länder wie Italien nach Europa kam. Von Tunis aus gelangte das Schattenspiel etwa im 17. Jahrhundert über Italien unter der Bezeichnung „Chinesische Schatten" nach Deutschland, Frankreich und England. Die europäischen Schattentheater verwendeten überwiegend nicht die orientalischen Schattenspielfiguren, die stark durchbrochen waren, sondern meist undurchbrochene, vollflächige Figuren ohne Pergamenteffekt.

Zur Herstellung der Figuren bediente man sich des leicht zu beschaffenden Papiers und entwarf für den eigenen Kulturkreis charakteristische Figuren. Es scheint aber, daß gleichzeitig das fernöstliche Theater, wie auch Formen des orientalischen, gepflegt wurden, und der Übergang zum rein europäischen Schattenspiel fließend war. Im Laufe der Zeit verlor sich der fernöstliche Charakter der Spiele, und es erfolgte eine vollkommene Integration in die heimische Ideenwelt.

Schattentheater wurden hauptsächlich auf Jahrmärkten, Volksfesten und Feiern aufgeführt und behandelten neben Themen von volkstümlicher Prägung wie Schwänken, Fabeln und Moritaten auch gehobene Stoffe der Literatur. Neben den fahrenden Bühnen gab es in München, Paris, Hamburg und Augsburg bereits eingerichtete Schattentheater. Besondere Pflege genoß das Schattenspiel zur Zeit der Jugendbewegung. Die volkstümliche Bildung umschloß unter althergebrachter Volkskunst wie Tanz auch den Bereich dieser Kleinbühnenkunst. Auch während der nationalsozialistischen Ära wurde der Wert auf die Weiterführung dieser künstlerischen Form gelegt. Die Wiederentdeckung der Scherenschnittkunst brachte auch eine verstärkte Hinwendung zu beweglichen Flächenfiguren mit sich. Schulische Festivitäten erhielten einen besonderen Akzent durch von Schülern gestaltete Schattenspiele.

Die Beliebtheit des Schattenspiels wuchs nicht zuletzt durch die Möglichkeit, relativ billige Druckerzeugnisse, sog. Ausschneidebogen, und damit Kleinfiguren zu erstehen, um Tischtheater aufzuführen. Gleichzeitig begrenzte man aber mit den vorgefertigten Bogen und der Massenproduktion die schöpferische Vielfalt in der Gestaltung von Schattenfiguren. Der rein spielerische Bereich wurde überbetont und das billige Erzeugnis zum „Wegwerftheater".

Schattenspieltheater auf Java

Hinführung zum Schattenspiel

Der Scherenschnitt

Es ist bedauerlich, daß die Technik des Scherenschnittes bis auf gelegentliches, einfaches Musterschneiden kaum noch in der Grundschule anzutreffen ist. Der Umgang mit der Schere hat jedoch ähnliche Qualität wie der Umgang mit der Tuschfeder und dem Bleistift: er zwingt den Schüler zur exakten Beobachtung eines Linienverlaufs und zur gezielten Umsetzung in Papier. Dabei wird beachtliche Geduld gefordert, und eine sichere Hand im Gebrauch des Werkzeugs geschult. Natürlich kann man diese Fähigkeit bei Grundschülern der ersten und zweiten Klasse nicht voraussetzen. Die spezielle Ausschneidetechnik muß in kontinuierlicher Weise gefördert werden, beginnend mit einfachen Schneidetätigkeiten an verschiedenen Papiersorten, denn die Materialerfahrung ist für die Schneidearbeit grundlegend. Das z. B. für Erwachsene als selbstverständlich erscheinende geradlinige Schneiden kann für Schüler bis zur vierten Klasse oft eine fast unlösbare Aufgabe sein, weil die Handgeschicklichkeit der Schüler im Umgang mit diesem Werkzeug meistens zu wenig ausgebildet ist. Das ist teils altersspezifisch bedingt – mangelnde Koordination von Hand und Werkzeug sowie schnelle Ermüdung der Handmuskulatur und dadurch fehlender Schneidedruck – teils aber auch in der Konfrontation mit dem Werkzeug Schere, dessen Beherrschung viele Lehrer als gegeben voraussetzen. Dabei wäre es wichtig, daß Schüler in diese fachliche Arbeitsweise intensiv eingeführt werden, damit sie allmählich fähig sind, einwandfreie Konturen zu schneiden und die Technik des Drehschnittes zu beherrschen. Während des Schneidens wird das Papier mit der Hand gedreht, so daß entweder Rundlinge entstehen, oder die Kontur in kleinen, geraden Schnitten dargestellt wird, die den Schnittcharakter noch mehr betonen.

Der Schüler soll sich für die Art, in welcher er arbeiten will, nach seinen individuellen Neigungen und Fähigkeiten entscheiden. Zur Herstellung von Schattenfiguren, die ja ein relativ großes Format besitzen, ist der kantige Schnitt ideal, wie das Bildbeispiel auf Seite 13 zeigt. Er ist ausdrucksvoller, charakterisierender, typisierender und dynamischer durch die schärfere Setzung der Konturen. Scharf gezeichnete Figuren im Kantschnitt finden sich auffallend häufig beim japanischen Schattentheater, während europäische Schattenfiguren öfters Mischformen aus Rund- und Kantschnitt sind oder überhaupt nur zum Rundschnitt tendieren.

Porträt in „Rundschnitt"-Ausführung – ohne Vorzeichnung
Schülerarbeit: 10 Jahre
Arbeitszeit: 35 Minuten

Rundschnitt *Kantschnitt*

Der Kantschnitt ist ein probates Mittel, den Schüler vom Ausschneiden einer Zeichnung zum reinen Ausschneiden ohne Konturvorgabe und Vorlage zu bringen, wodurch die Ursprünglichkeit der Figur in der direkten Umsetzung – durch das Weglassen von unwichtigen Details erhält die Gestalt karikierenden Charakter – gewährleistet wird. Diese Höchstform ist in jeder Grundschulklasse anzustreben. Schüler, die erhebliche Schwierigkeiten haben, Gesehenes direkt in Papier zu schneiden, können im Sinne der Differenzierung bei einfachen Arbeiten eingesetzt werden, z. B. Schneiden von Hausformen oder Einrichtungsgegenständen für die Kulisse oder für Durchbrechungsarbeiten bei der Herstellung einzelner Staffagen im Schablonenschnitt. Im allgemeinen sollte man schon bei den ersten Schneideversuchen darauf achten, daß die Schüler den Schnitt möglichst am großflächigen Format erproben, wobei zur Unterstützung anfangs ruhig eine Zeichnung der Figur angelegt werden darf. Schon beim Ausschneiden ist immer wieder zu beobachten, daß Schüler sehr schnell die gezeichnete Linienführung verlassen und zu einer durch die Schere und das Material bedingten Umrißgestaltung gelangen. Ein Blumenstrauß, der ausgeschnitten werden soll, verliert z. B. vielfach an differenzierter Gestaltung und Feinheit, gewinnt aber dadurch an Werkzeugspur und „Schnittigkeit" (Siehe Bildseite 14).

Kopf eines Räubers in variabler Schneidetechnik nach Vorzeichnung – Schülerarbeit: 9 Jahre
Arbeitszeit: 15 Minuten

Hexenköpfe: 2. Schülerjahrgang

Hexenköpfe: 3. Schülerjahrgang

Königsköpfe: 3. Schülerjahrgang

Königinnenköpfe: 4. Schülerjahrgang

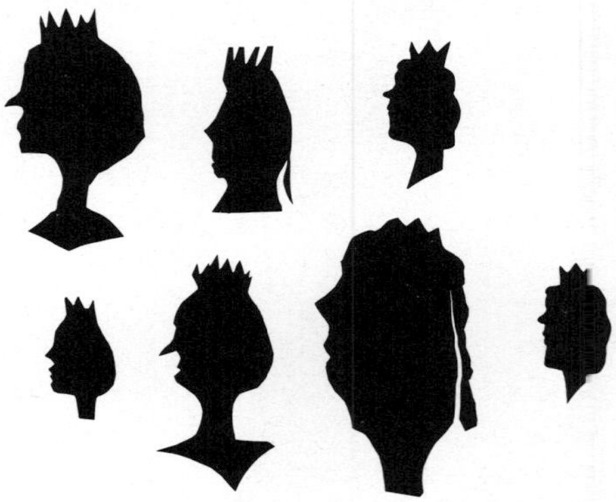

Entwürfe für eine Osterschmuckkarte: 4. Schülerjahrgang

Erarbeitung eines Kopfes

Um die Schüler in die Schneidetechnik der Kopfform einzuweisen, empfiehlt es sich, von einigen Kindern der Klasse an der Wand oder der Tafel mit Hilfe des Overheadprojektors Silhouetten der verschiedenen Gesichter durch Schattenwurf zu erzeugen, und die Umrißlinien mit Kreide oder Wachsmalkreide auf hinterlegtem Papier nachfahren zu lassen. Aus den hintereinander gereihten Silhouetten können gesichtstypische Merkmale besonders deutlich erfahren werden. Der Lehrer sollte dabei je nach Altersstufe auf die Proportion des menschlichen Gesichtes grundsätzlich eingehen, um den Kindern damit eine Lösungshilfe für einen späteren Schnitt anzubieten. Die Zeichnung der Partnersilhouette auf billiges Papier bei aufgestellter oder schräggehaltener Zeichenunterlage ist ein zweiter Schritt zur Konturerfassung; Luftzeichnen und Bankzeichnen tun ein übriges. Erst dann, wenn diese Vorübungen breit und zur Zufriedenheit ausgeführt sind, sollte man den Schüler an die eigentliche Schneidearbeit gehen lassen, wobei jetzt bereits – individuell verschieden – von der Vorzeichnung abgelöst werden kann und der Zuschnitt des Gesichtes am besten vom Halsansatz nach oben erfolgt. Dabei muß die Nase immer zur Schneidehand zeigen, weil dadurch der Drehschnitt sehr erleichtert wird und sich in einem Ansatz bis zum Ende durchführen läßt. Natürlich weisen die ersten Versuche nicht immer unbedingt die Charakteristika des wirklichen Gesichtes auf. Hier ist dann eine exemplarische Arbeit an einem Gesicht notwendig, an dem sich Wesentliches leicht erkennen und umsetzen läßt. In ständiger Verbindung zur Wirklichkeit kann die spezifische Gesichtsform entweder durch Reduzierung, d. h. durch Zurückschneiden und Zuschneiden eines Gesichtsteiles oder durch Teilergänzung im Aufklebeverfahren gewonnen werden. Dieses Verfahren ist auch bei der Gewinnung der für das Schattenspiel auszuwählenden Kopfform anwendbar.
Nach einer Determinierung der Charakteristika, z. B. des Profils einer Hexe, eines Jägers, eines Königs, werden die diese Figur prägenden Gesichtsteile – die verschiedenen Nasenformen, der Augenansatz, die Mund- und Kinnpartie oder der Stirn- und Haaransatz – wechselweise in Kleinteilen an eine Kopfgrundform gesetzt und die Wirkung getestet. Dann wird die Gesichtsstruktur so lange geändert, bis der Gesichtsausdruck die gewünschte Form hat und der Rolle entspricht. Dieses Puzzlespiel, das im Grunde fast wie die Zusammensetzung eines Phantombildes bei der Polizei gehandhabt wird, motiviert durch seine Variabilität. Die Arbeit bis zum Endprodukt des gemeinsamen Puzzlespiels, das Kindern der Grundschule sehr viel Freude bereitet, führt bei ihnen zur Sensibilisierung für die Wirkung von Gesichtsdetails sowie zu einer differenzierten Betrachtung der Mimik und mehr Sicherheit in der Zuordnung auf eine Rolle hin. Haben die Schüler eine gewisse Erfahrung im Erstellen solcher Entwürfe gesammelt, so bietet es sich fast von selbst an, daß der Lehrer ihnen eine Vielzahl von unterschiedlichsten Kopfformen vorstellt – auf Arbeitsblättern oder Dias, Zeitungsausschnitten, Plakaten und Gemälden usw. oder bereits reduzierte Silhouetten auf Holzschnitten, Linolschnitten und Scherenschnitten – um diesen Gesichtern eine mögliche Rolle zuzuordnen, d. h., sie charakterisieren zu lassen. Der Schüler gewinnt dadurch schnelle Beurteilungsfähigkeit für die Physiognomie der Mitmenschen. Es werden in der Grundschule in diesem Sinne natürlich nur Grunderfahrungen vermittelt, z. B. traurige, lustige, brutale, verschlagene, witzige und kluge Gesichter. Man sollte jedoch stets darauf achten, die Kinder trotz der vereinfachten Sichtweise nicht auf Klischees festzulegen.
Während in den ersten beiden Schuljahren der Vollkopf vorrangig bearbeitet wird, da die Handgeschicklichkeit für detaillierte Schnitte noch nicht so weit gediehen ist, geht es in der dritten und vierten Klasse ohne weiteres an, zu sogenannten durchbrochenen Kopffiguren im Sinne der chinesischen Schattenfiguren zu gelangen.
Damit erweitert sich die Ausdrucksmöglichkeit des Profilgesichtes kolossal. Rundaugen, Schlitzaugen, Bärte, exakte Darstellung der Nasenpartie mit Einbeziehung der Nasenflügel, Backenformen, Frisuren und ornamentale Darstellungen der Kopfbedeckungen führen von der Rohform zu einer mehr künstlerischen Ausdrucksweise und zu einer flächigeren Erfassung des Gesichtes, was allerdings oft auch den Verlust an Natürlichkeit und Spontaneität der Darstellung bedeuten kann, da zu viel Überlegung mit einfließt.

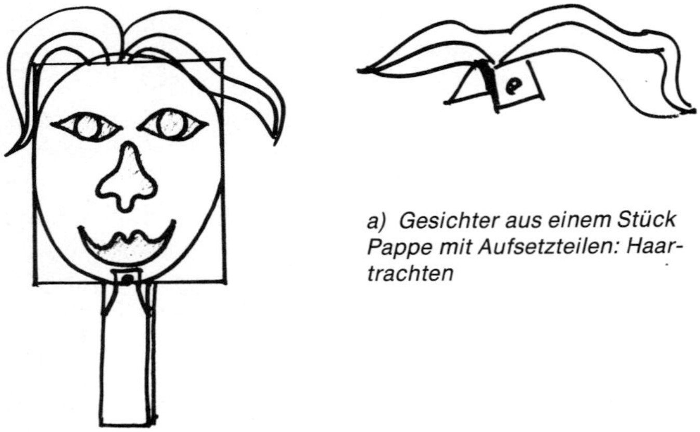

a) Gesichter aus einem Stück Pappe mit Aufsetzteilen: Haartrachten

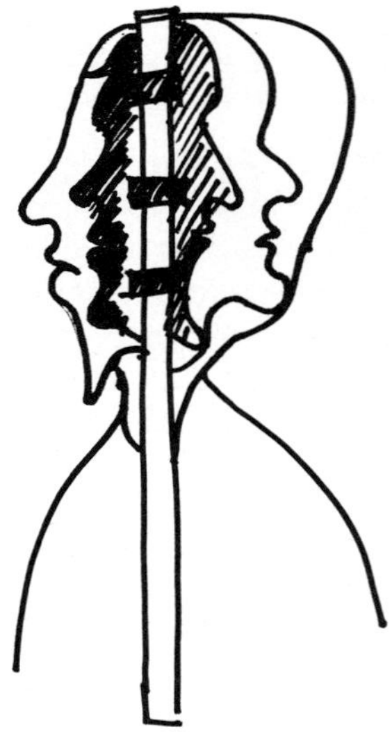

d) Verschiedene Klappgesichter an einem Führungsstab – Befestigung mittels Klebestreifen. – Je nach Rolle wird eine Gesichtshälfte nach links geklappt, der Hinterkopf bleibt starr.

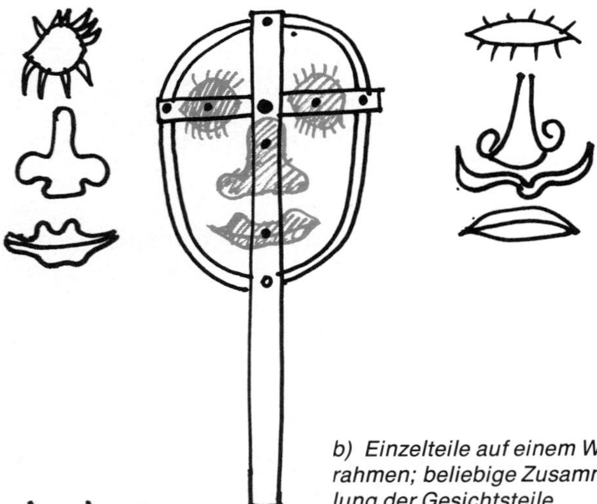

b) Einzelteile auf einem Wechselrahmen; beliebige Zusammenstellung der Gesichtsteile

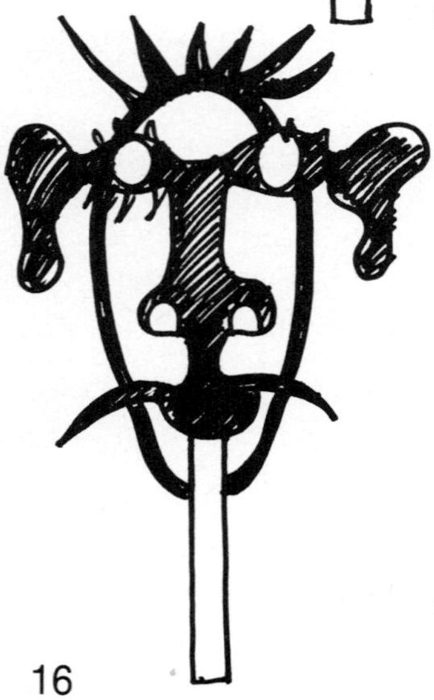

c) Gesichtsteile aus einem Stück

Beim chinesischen Schattentheater bedeuten die Aussparungen etwas Vornehmes, Edles, und Köpfe dieser Art sind dort mit hoher Kunstfertigkeit geschaffen worden. Dabei bilden bei „guten Typen" die Stirn- und Nasenpartie eine Gerade, während beim „bösen Typ" Stirn und Nase durch eine tiefe Einkerbung voneinander getrennt und Nase wie Stirn meistens höckerförmig dargestellt sind. Diese Weise der Gesichtsdarstellung gilt auch in ähnlicher Form für die Schattenfiguren anderer asiatischer Länder. Die Fertigung detaillierter Aussparungen aus starkem Papier oder Karton, so wie oben beschrieben, sollte nicht vor der dritten Klasse geschehen. Die Schere eignet sich hierzu weit weniger als die scharfe Klinge eines Teppichmessers. Damit lassen sich geschwungene Linien und ans Lineal oder Kurvenlineal gelegte Schnitte exakt und sauber ausführen. Eine gute Hilfe ist auch ein Stanzmesser bzw. ein scharfes Stemmeisen von unterschiedlicher Schnittbreite. Die Papierfläche liegt am besten auf einer Hartfaserplatte oder dicken Pappunterlage. Als Schlagwerkzeug dient ein Holzschlegel. Bei dünnem Papier genügt die Verwendung einer Rasierklinge in einem Haltegriff. Auf die senkrechte Haltung der Klinge muß beim Schneiden stets hingewiesen werden, da sie leicht bricht und dabei erhebliche Verletzungen entstehen können. Saubere Formen lassen sich gut mit Hilfe verschiedener Gegenstände wie Teller, Tassen, Klötze usw. oder mit im Handel erhältlichen Zeichenschablonen gewinnen, solange der Schüler in der Schnittführung unsicher ist.

Jedem Grundschüler ist die alte Formel „Punkt, Punkt, Komma, Strich, fertig ist das Mondgesicht" bekannt. Nach diesem Schema kann man sogenannte „Klebegesichter" erarbeiten. Die Schüler schneiden aus einem festen Material einen Rahmen, der die verschiedenen Formen des Gesichtes haben kann: Dreieck, Viereck, Quadrat und Oval. Dieser Rahmen wird mit Transparentpapier oder bunter Einbandfolie hinterklebt. Auf kräftige Farben ist dabei zu achten. Die leere Gesichtsfläche kann nun durch typisierende, aufgeklebte, meist dunkle Gesichtsteile ausdrucksmäßig gestaltet werden. Auf die am realen Gesicht erkannten charakterisierenden Merkmale kann hier zurückgegriffen werden. Für die schwachen Schüler wird dadurch die Gesichtsdarstellung in kleine Schritte zerlegt und die Korrektur des Ausdrucks durch vorhergehendes Ausprobieren – aufgelegte Teile lassen sich leicht verändern und verschieben – vor der endgültigen Fixierung möglich. Die Gestaltungsschwierigkeiten sind durch kleine Erfolgserlebnisse leichter überwindbar.

Körperform und Beweglichkeit der Schattenfiguren

Wie bei der Erarbeitung der Kopfform muß unbedingt auf die Proportionen des Körpers eingegangen werden. Dazu dienen Körpermessungen an Schülern und Lehrern. So entwickelt sich allmählich ein Gespür für die Gewichtigkeit und die Längenverhältnisse der Extremitäten. Zur Unterstützung des Verständnisses dienen insbesondere Proportionsbilder alter Meister, z. B. die Proportionslehre des menschlichen Körpers von Albrecht Dürer. Zur Verfestigung der erkannten Gesetzmäßigkeiten bietet sich als Vorstufe des Scherenschnittes die Federzeichnung an, die den Schüler stets zur klaren Aussage und zur exakten Darstellung von Details zwingt. Die stimmige Verkleinerung der Proportionen bei der Umsetzung auf das Papier unterliegt dabei einer ständigen Korrektur durch den Lehrer.
Als Überführung zum Schattenbild eignet sich vorzüglich das Nachfahren der Schattenkontur eines Gegenstandes oder eines Körpers, der auf eine Papierwand oder eine Tafel projiziert wird und dessen Fläche später bemalt, ausgetuscht und ausgeschnitten werden kann. Auf diese Weise läßt sich an den Wänden des Klassenzimmers ein eindrucksvolles, lebensgroßes Schattentheater darstellen. Bewegungsmuster verschiedenster Art lassen sich sehr leicht mit Hilfe dicker Schnüre auf Karton legen oder mit dünnem Blumendraht biegen. Die erhaltenen Formen werden ausgeschnitten. Verwendet man sehr kräftigen Draht, bietet sich eine Bespannung mit Transparentpapier oder Stoff an.
Viele Bewegungsabläufe können so gezielt veranschaulicht und in Einzelbewegungen gegliedert werden. Die auf den Wettkampfkarten zu den Bundesjugendspielen dargestellten Bewegungen sind ein weiteres Hilfsmittel der Verdeutlichung, da der gesamte Übungsverlauf im Bewegungsfluß gezeigt wird. Gut ist dabei die relativ einfache Formgebung und Abstrahierung der Figuren. So kann der Schüler zur Erkenntnis typischer Figurationen gelangen: Stehender, Gehender, Laufender, Kriechender, Springender usw. Weiteres Studienmaterial findet sich hierzu in vielen Zeitschriften, Schulbüchern, Plakaten etc. Zur Gewinnung der Kleinform einer Figur können die Kinder diese aus den Unterlagen ausschneiden, bevor sie noch eigene Gestaltentwürfe produzieren. Für die Primarstufe bedeutet das eine ziemliche Erleichterung, da die Schüler doch erhebliche Schwierigkeiten in der Proportionserfassung haben. Schüler der dritten und vierten Klasse, die jedoch einige Vorarbeit in obigem Sinne geleistet haben, schneiden nach verhältnismäßig kurzer Zeit recht brauchbare, starre Körperformen.
Zur Verlebendigung des Schattenspieles dient die Bewegung einzelner Körperteile. Dies wird durch sogenannte Koppelungen erreicht. Die Beweglichkeit des Hampelmannes mit seinem Schnurzugsystem ist den Schülern von frühester Kindheit an weithin bekannt. Ein Verständnis des Prinzips fehlt jedoch häufig. Deshalb muß der kausale Zusammenhang aus Zugstrecke und Drehpunkten erarbeitet, d. h., durchschaubar gemacht werden. Das Hampelmannprinzip steht exemplarisch für die Doppelbewegung der Extremitäten. Die Fixierung der Drehpunkte ist bei der Herstellung ein Kernproblem und wird auf jeden Fall durch eine vorangegangene Proportionslehre, beziehungsweise durch die Kenntnis der Hebelgesetzlichkeit aus dem Technischen Werken und dem Heimatkundeunterricht erleichtert. Immer stellt sich am Anfang die Frage, welcher Teil der Figur unbedingt zur Bereicherung der Rollendarstellung bewegt werden muß. Die einfache Koppelung ist sowohl

durch einen Seilzug als auch durch einen zweiten Führungsstab machbar. Zuerst wird der Drehpunkt mit einem Locher festgelegt. Nun muß die Herstellung des beweglichen Teiles erfolgen. Normalerweise werden die Grundschüler zuerst den zu bewegenden Teil einfach abschneiden und erstaunt feststellen, daß sich mit diesem kurzen Stück kein sinnvoller Bewegungsablauf mehr durchführen läßt. Sie müssen erkennen, daß das Stück einer Verlängerung bedarf. Soll sich z. B. der Mund öffnen und schließen, so muß der Bewegungsteil aus Kinnpartie und einem darüber hinausstehenden Verlängerungsstück bestehen, dessen Ende gelocht und mit einer Musterklammer in ungefährer Höhe des Ohres mit dem darunterliegenden Körperteil verbunden werden muß. Der Haltestab wird bei Drehbewegungen schräg mit Pattex, Tesakrepp etc. angeklebt. So gewinnt das Teil einen größeren Bewegungsradius. Bei Auf- und Abbewegungen genügt die senkrechte Befestigung des Führungsstabes.

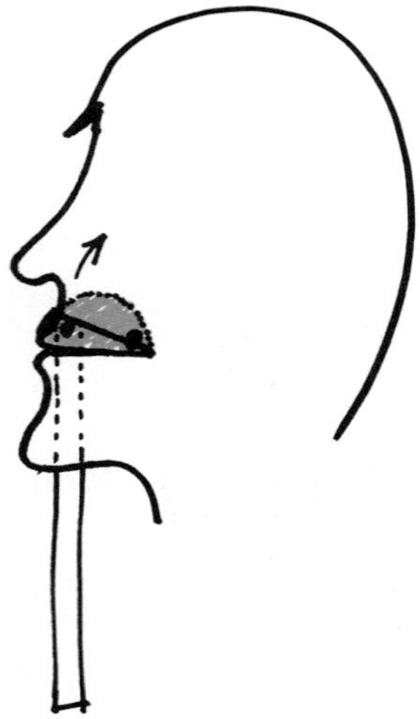

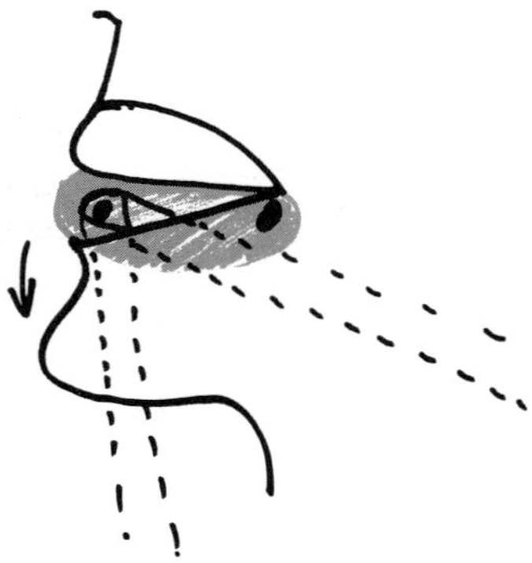

Bewegung der Ober- und Unterlippe

Zu beachten ist, daß der Stab am Teil nicht durchrutscht. Sollte die Bewegung einen bestimmten Spielraum nicht überschreiten, so ist der Einbau einer Hemmung erforderlich, d. h. zwischen Unterbau und Bewegungsteil wird ein Schnurstück oder Lederriemen befestigt. Bei geschicktem Umgang mit dem Führungsstab erübrigt sich eine Hemmung.

Will man die gleichzeitige Bewegung von Teilen erreichen, also eine Parallelkoppelung, kann man diese über die Verbindung der zu bewegenden Teile durch Pappstreifen, Holzleistchen, Strohhalme oder in fast unsichtbarer Weise durch farblose Plastikfolie und Plexiglasstreifen leicht herstellen. Hier entwickeln Schüler ungeahnte Möglichkeiten von Verbindungen.

Um schwierige Doppelbewegungen von Figurteilen wie Arm und Bein herbeizuführen, ist eine Verbindung derselben in exzentrischer Form notwendig. Der Befestigungspunkt des Verbindungsstabes sitzt dann neben dem Drehpunkt des entsprechenden Teiles des Führungsstabes, am besten in der Mitte des Verbindungsteiles. Hier muß der günstigste Ansatz durch Probieren gefunden werden. Von komplizierten Mehrfachkoppelungen ist in der Grundschule abzusehen, da das dazu nötige technische Verständnis bei vielen Schülern noch nicht hinreichend ausgeprägt ist, und der Arbeitsaufwand im Gegensatz zur Effektivität steht. Sehr viel, was sich durch aufwendige Mehrfachkoppelung erreichen läßt, kann auch mit starren und nur teilbewegten Figuren bei geschicktem Umgang bewegungsmäßig ausgeführt werden. Die gleichzeitige Betätigung von mehr als zwei Führungsstäben konzentriert den Schüler zu sehr auf den technischen Vorgang. Die Spontaneität des Spiels leidet darunter.

Beim Anbringen der Koppelung ist darauf zu achten, daß das über den Drehpunkt hinausragende Endstück nicht zu kurz geschnitten wird, da sonst die Beweglichkeit des Teiles durch die verkürzte Hebellänge vermindert wird.

Die Beweglichkeiten einer Figur sind vorrangig die Extremitäten: die Beine, die Arme, der Kopf und der Körper. Die seitliche Darstellung gibt der Beweglichkeit mehr Spielraum als die frontale, bei der nur die Hampelmannbewegung von Armen und Beinen oder das Wiegen des Oberkörpers und des Kopfes möglich ist. Dabei entspricht die Anlage der Drehpunkte in etwa den anatomischen Gegebenheiten. Ob der Drehpunkt dann etwas tiefer oder höher sitzt, spielt keine Rolle. Entscheidend ist allein die Aussage der Bewegung. Meistens wird nur ein gerader oder ein angewinkelter Arm bzw. ein geknicktes Bein bewegt. Die beidarmige, d. h., zweigliedrige Bewegung ohne Koppelung läßt sich erreichen, wenn die beiden Körperteile im Winkel aneinandergesetzt werden.

Um die Schnelligkeit des Laufes auszudrücken, kann auch eine sogenannte „Rennscheibe" verwendet werden. Sie besteht aus einer um einen Mittelpunkt angeordneten Vielzahl von geknickten Beinen. Damit der Körper einer Person knickt, um das Bücken oder Verbeugen darzustellen, genügt ein Drehpunkt in der Hüfte.

Armanordnung

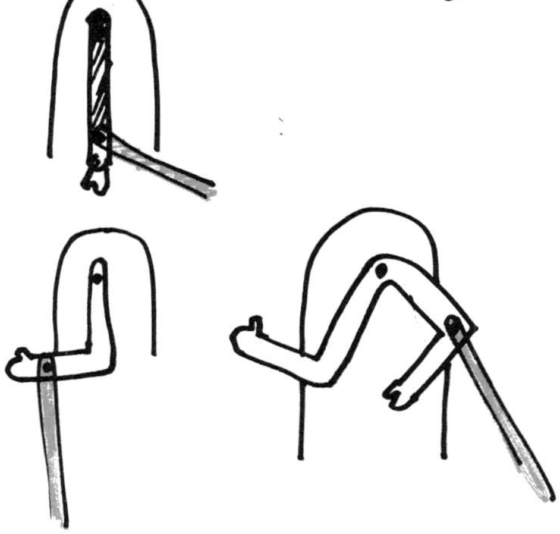

Arm- und Kopfverbindung

Arm-Fußverbindung

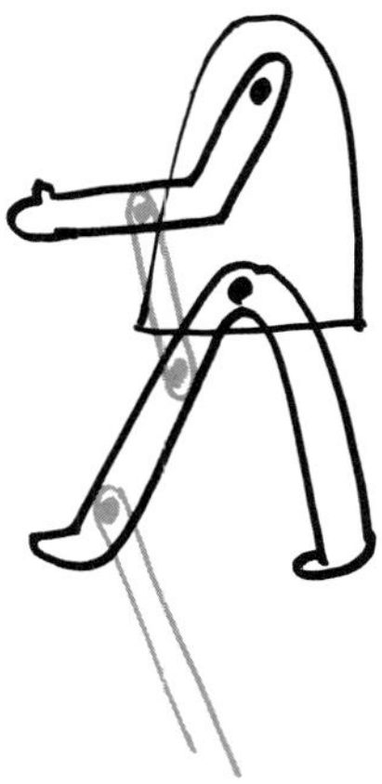

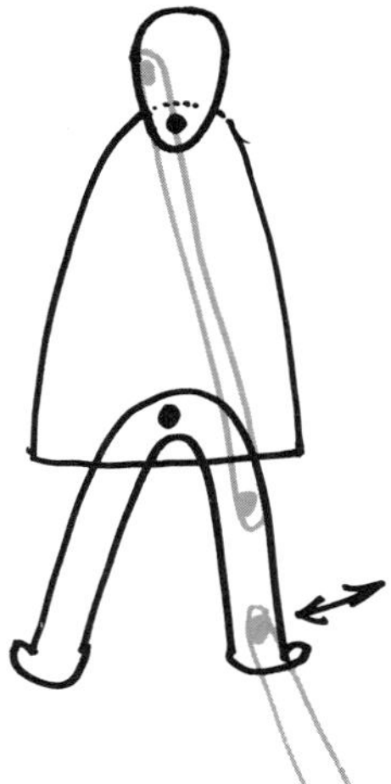

Kopf-Fußverbindung

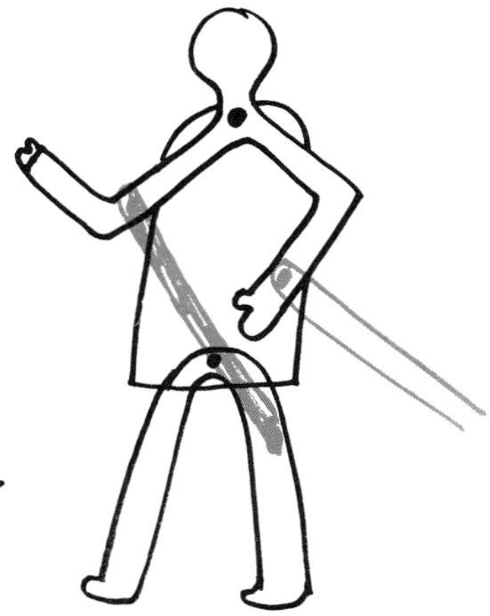

Arm-Kopf-Fußkoppelung

Beinanordnung

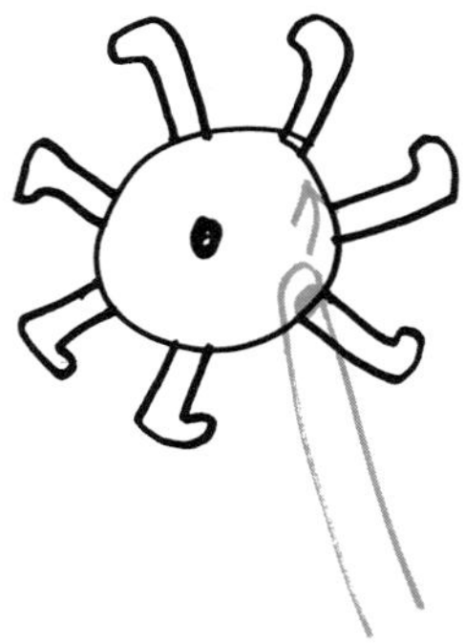

„Rennscheibe aus einem Stück oder einzelnen Beinen“

Die Gestaltung einer Schattenfigur kann im musischen Bereich oft nur das Endprodukt einer langen Reihe von vielfältigen Darstellungsmöglichkeiten sein. Bei den Schülern der Primarstufe sollte zur Schulung der Handfertigkeit und des figurativen Sehens zuerst vom dreidimensionalen Objekt – Formen in Ton und anderen Knetmassen – ausgegangen werden. Sehr leicht lassen sich aus diesem Material Vorformen der Schattenfigur wie Weihnachtsplätzchen ausstechen oder ausschneiden. Hier ist die Ergänzbarkeit bei mißratener Form äußerst positiv, da das Material bei diesen Vorübungen stets wieder zu verwenden ist. Der nächste Schritt kann ein räumliches und flächiges Gestalten mit Pappmaché sein. Auch hier erlebt der Schüler das Wachsen einer neuen Form in additiver Art, d. h., durch Hineindrücken oder Ankleben wächst aus dem Pappmachéklumpen eine differenzierte Gestalt. Beim Arbeiten mit rein flächigem Material bietet sich jede Art von Papierresten an wie Packpapier, Tapetenbücher, Makulaturpapier usw. Vor dem Einsatz mit der Schere können die Kinder große Reißarbeiten produzieren. Sie gewinnen dabei Materialerfahrung und bereits ein gewisses Können im Drehen und Wenden der Stoffe bei der Silhouettengestaltung. Die Verwendung der Schere als Verfeinerungsmittel für die Reißarbeiten ermöglicht dem Kind, die Silhouetten abschnittsweise zu optimieren und zu einer Endform zu bringen, ohne daß von ihm die Endkonzeption beim Schnitt vollauf verlangt wird. Diese Übungen bringen dem Schüler Sicherheit in seinem handwerklich künstlerischen Tun. Talentierte Kinder schneiden, wie die Erfahrung zeigte, aber auch oft schon nach geringer Vorarbeit hochwertige Figuren. Für andere Schüler wiederum bedeutet die Herstellung eines Gesichtes eine nahezu unlösbare Aufgabe. Hier sollte man, wenngleich die kreative Arbeit etwas in den Hintergrund tritt, zur Vermittlung eines Erfolgserlebnisses einfache Ausschneidearbeiten anbieten. Eine Vielzahl an Möglichkeiten finden sich in Prospekten, Katalogen, Plakaten, Komikheften und Karikaturen. Verwendet man Plakate, so nützt man den Vorteil, Personen und Gegenstände oft in Originalgröße vor sich zu haben. Die Vergrößerungsarbeit, die ohne den berühmten Storchenschnabel als Umsetzungsgerät auch vielen Erwachsenen erhebliche Schwierigkeiten bereitet, kann damit entfallen. Die ausgeschnittenen Teile können dann auf einer passenden Unterlage aufgelegt und fixiert werden. Dadurch hat der Schüler auch Anhaltspunkte für gewünschte Durchbrechungen. Vor sehr detaillierter Kleidung z. B. sollte man sich hüten, da sie viele und oft schwierige Durchbrechungen erforderlich macht. Außerdem wird durch das Herausnehmen vieler Teile die Stabilität der Schattenfigur gefährdet. Nicht zuletzt gelingt dem Schüler diese Arbeit meistens nur mit großem Arbeitseinsatz des Lehrers. Die Kostümierung muß deshalb auf ein vernünftiges Maß begrenzt bleiben: Faltenwurf, Knopflöcher, Taschen, Revers, Schleifen, Schuhwerk, Kopfbedekkungen, Frisuren, Strümpfe, Pfeifen, Stöcke, Brillen und andere Utensilien. Die Entscheidung für eine reiche ornamentale Ausschmückung der Figuren hängt eben im großen Maße vom Zeitfaktor, dem Materialaufwand und den individuellen Gegebenheiten in einer Klasse ab.

Die Machbarkeit der Schattenfiguren und eine Vielzahl wertvoller Anregungen für ihre Herstellung erfahren Kinder am besten natürlich durch die Betrachtung von Scherenschnitten. Hier sind bereits Meister ihres Faches oft bis an die Grenzen ihrer Möglichkeiten gegangen.

Herstellung der Schattenfiguren

Für die Herstellung der Schattenfiguren in der Grundschule verzichtet man oft besser auf die Werkstoffe Weißblech sowie Kunststoffe verschiedener Art, da sowohl die Beschaffung als auch die Bearbeitung erhebliche Schwierigkeiten mit sich bringt und einen großen Aufwand an Werkzeugen erfordert. Geeignet sind eventuell dünne Aluminiumfolien, die sich noch mit der Schere bearbeiten lassen. Das wichtigste Werkzeug ist die Schere. Für den Schnitt kann jede beliebige Haushaltsschere verwendet werden, besser jedoch sind Scheren mit langem Griff, kurzer Schneide und scharfer Spitze. (Größere Hebelwirkung und Beweglichkeit auch bei feinen Arbeiten!) Die Spitze dient zum Durchstechen der Figuren, um Durchbrechungen herauszuarbeiten. Während Nagelscheren sehr gut zu Feinarbeiten taugen, dienen breitschneidige Scheren mit abgerundeter Spitze zum Durchtrennen dickeren Papiers und kräftiger Pappe bei der Erarbeitung einer Rohform. Spezielle Scheren sollten in der Schule vorrätig sein und ständig auf ihre Brauchbarkeit hin überprüft werden. Was Schüler an Scherenmaterial meist in die Schule mitbringen, taugt oft nicht einmal für einen sauberen Schnitt.
Sehr brauchbar bei der Umrißgestaltung sind Teppichmesser mit auswechselbaren Klingen, da sie gut in der Hand liegen und ein sehr hoher Druck auf die Unterlage ausgeübt werden kann. Der Umgang mit diesem Werkzeug sollte nur im Beisein des Lehrers erfolgen. Für Feinschnitte kann man Linolschnittmesserchen verwenden, die in eine spezielle Halterung oder auch in einen Federhalter gesteckt werden.

Unter Berücksichtigung der einzelnen Jahrgangsstufen und dem handwerklichen Leistungsstand der Klasse wählt der Lehrer Materialien aus, durch die eine Standfestigkeit der Figuren gewährleistet wird.

1./2. Klasse: Festes Zeichenpapier (Schöller – Turmpapier) oder Tonpapier, eventuell mehrlagig aufeinander gebracht;
durch einen Papprahmen oder einer Pappfläche versteift, Sammelmappen- und Fotokarton, Wellpappe, Glanzpapiere, Heftdeckel.

3./4. Klasse: Plakatkarton, Grau- Well- und Chrompappe verschiedenster Art, 2 mm–4 mm starke Korkplatten, dünnes Sperrholz, 2 cm–4 cm starkes Styropor, Pegulan, Kunststoff von Aktendekkeln, Chromapappe, dünne Metallfolien.

Zur farbigen Gestaltung durchbrochener Figuren können die Ausschnitte mit buntem Transparent-, Öl-, Wachs- und Seidenpapier sowie Einbandfolien verwendet werden. Dekorationen für die Bühne, die ornamentale Gestaltung verlangen, lassen sich auch noch durch Beziehen eines Rahmens mit alten Stores herstellen.
Kommen in einem Schattenspiel ähnliche Figuren vor, die sich auf eine Grundform reduzieren lassen, und hinterher durch das Aufkleben von Bekleidungsstücken, Köpfen und Profilen differenziert werden, so empfiehlt sich der gemeinsame Entwurf einer festen Schablone aus Holz oder dicker Pappe.
Als Führungs- oder Haltestäbe haben sich 5 mm starke Buchenrundstäbe (= Drachenstäbe) bewährt. Natürlich sind auch Plexiglasstäbe brauchbar, da sie den Vorteil der Durchsichtigkeit besitzen, allerdings sind diese bedeutend teurer. Von Glasstäben ist abzuraten, weil sie sehr leicht brechen. Die Sichtbarkeit der Haltestäbe wird von den Kindern durchwegs als nicht störend empfunden, im Gegenteil: die Betätigung der Führungsstangen erzeugt einen besonderen technischen Reiz. Neben den oben genannten Materialien ist natürlich jede Art von Holzleisten und Metallröhrchen verwendbar, deren reichhaltiges Angebot in den Hobbymärkten erhältlich ist. Die Stäbe können an den Figuren entweder mit Tesafilm, Tesakrepp, Pattex oder Elefantenhaut angeklebt werden und sollten die Figur in der Gesamtlänge abstützen. Bei sehr breiten Figuren setzt man mehrere Haltestäbe so an den Körper, daß sie der Spieler gekreuzt in einer Hand halten kann.
Bei der Entwicklung beweglicher Figuren sind Drehpunkte nötig. Man durchsticht, locht, bohrt, schmilzt oder stanzt am entsprechenden Punkt eine Öffnung in die Figur und fügt als Drehachse eine Musterklammer (billigstes Material), eine Niete, eine Metallschraube mit Mutter, einen umgebogenen Nagel mit breiter Kappe, ein Stück Schnur bzw. eine Kordel, die beidseitig verknotet wird, oder einen Plastikstrohhalm, der beidseitig aufgeschnitten und an der Figur verklebt wird, ein. Zwischen den beweglichen Teilen kann zur Verstärkung der Drehachse eine glatte Beilagscheibe entsprechender Größe aus Metall, Pappe, Holz und dergleichen aus Gründen größerer Stabilität und besserer Beweglichkeit eingefügt werden.

Die Choreographie des Schattenspiels

Zwei Wege gibt es, um ein Schattenspiel zu intonieren:
– die Entwicklung einer eigenen, zum Schattenspiel passenden und mit Orffinstrumenten ausgeführten Musik, die teilweise völlig frei erfunden ist oder an bereits bekannte Lieder aus dem Musikunterricht anknüpft.
– die musikalische Untermalung mittels Tonbandaufnahmen von Schülermusik oder Geräuschplatten etc. Sie sind schneller verfügbar, garantieren hohe Tonqualität und einen sicheren Ablauf des Spiels, können durch Lautsprecher leicht auf die erforderliche Lautstärke gebracht werden und im Zusammenschnitt auch weitgehend von den Schülern mitbestimmt werden. Damit gewinnt der Lehrer mehr Freiheit für die Schülerüberwachung, falls er nicht eine Arbeitsteilung mit einem musikalischen Kollegen eingegangen ist.
Der Einsatz musikalischer Mittel bietet sich immer dort an, wo sich die bestehenden Situationen leicht intonieren lassen. Praktisch sieht dies dann so aus, daß der Lehrer gemeinsam mit den Schülern den Text auf solche Situationen hin durchgeht, sie im Text kennzeichnet und Möglichkeiten ihrer musikalischen Umsetzung erarbeitet. Folgende Beispiele sollen dies näher verdeutlichen:

Ein Löwe schläft	tiefes Schnarchen
ein Mäuschen huscht vorbei	Fingerspitzen krabbeln oder schleifen auf Pappe bzw. Handtrommel; kurze Töne auf dem Glockenspiel anschlagen
der Löwe schlägt mit seiner Pranke	Paukenschlag
der Maus wurde angst und bange	weinerliches Jammern, tremolieren auf dem Glockenspiel
fieberhaft dachte die Maus nach	dumpfe Töne auf dem Glokkenspiel . . .

Für die musikalische Umsetzung der Sprache und einer Situation gibt es unzählige Möglichkeiten. Wer einfallsreich genug ist, kann mit einfachen, leicht beschaffbaren Mitteln Szenen von geringem textlichen Umfang auf diese Weise beliebig erweitern und ihnen Farbigkeit und Ausdruck verleihen. Hinzuweisen ist auch auf die Möglichkeit szenischer Wiederholungen, die besonders bei Grundschülern beliebt sind und die Erwartungshaltung der Kinder noch steigern. Abwechslung und Dynamik bringen solche Kleinigkeiten in den Spielverlauf wie z. B. das Erscheinen eines Schmetterlings, das Herausspitzen einer Blume bzw. das gesamte Repertoire, das man unter dem Namen Ausstattung zusammenfassen könnte. Das sind Dinge, die auf den Spielverlauf selbst keinerlei Einfluß nehmen. Diese oft nur stumm bewegten Gegenstände geben der Szene mehr Fülle und dem Lehrer die Gelegenheit, recht viele schwache Schüler an einem an Spielerzahl begrenzten Spiel zu beteiligen.
Die musikalische Interpretation dient nicht nur als background, sondern bedeutet auch Erweiterung des Handlungsverständnisses durch besondere, den Rollen zugeordnete Erkennungsmelodien, die den zuschauenden Grundschülern Hilfen zur Durchdringung der Schattenspielhandlung bieten. Um den Schülern deutlich zu machen, was Erkennungsmelodien leisten, empfiehlt es sich z. B. das Märchen „Peter und der Wolf" von S. Prokofieff zu besprechen. Die Festlegung der Intonation in Noten kann in einer 3./4. Klasse angebahnt werden. Die Umsetzung natürlicher Geräusche auf Instrumenten oder durch Klanggesten ist notwendige Vorarbeit.
Der Ablauf des Schattenspiels hängt in hohem Maße auch von der Person des Sprechers ab. Ein klar artikulierter Vortrag des Sprechers ist Vorbedingung. Er muß fähig sein, den szenischen Verlauf zu überblicken, da er letztlich den Einsatz und das Tempo des Szenenwechsels bestimmt.

Körpersprache und ihre Umsetzung bei der Figurenbewegung

Da im Schattenspiel die Ausdrucksmöglichkeiten der Rolle auf wenige Bewegungsabläufe, z. B. Heben, Senken, Drehen, Hüpfen, Gleiten usw. reduziert sind, sollte versucht werden, den Schüler zum sparsamen Einsatz wirkungsvoller Bewegungen anzuhalten und gleichzeitig sein Verständnis für knappe Darstellungsformen anhand von gestischen und mimischen Eigenhandlungen in szenischen Spielen zu wecken und zu erweitern. Kurze Sequenzen eines stummen Theaters, d. h., pantomimische Darstellungen einer kleinen Alltagssituation, reichen aus, um situationsgebundene Gestik eingehender zu studieren. Ebenso eignet sich das Studium einer filmischen Pantomime oder die Betrachtung eines szenischen Ablaufs mit Hilfe des Videorecorders, Dinge also, die direkt im Unterricht erstellt werden können. Ohne Zweifel wächst der Schüler, der sich selbst schauspielerisch betätigt, viel stärker in eine auf die Schattenfigur umgesetzte Rolle hinein und vermag sie mit mehr Leben zu füllen.

a) Hänsel und Gretel beraten über ihre schlimme Lage. Zur Verdeutlichung des Textes genügen bereits knappste Hand- und Kopfbewegungen.

b) Hänsel und Gretel am Hexenhaus.

Technische Durchführung des Schattenspiels:

Die Leinwand

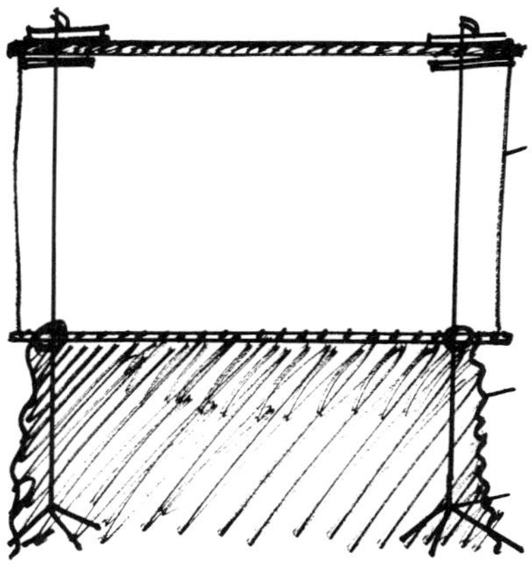

Die Herstellung einer Schattenbühne ist nicht teuer. Benötigt werden für ein Klassentheater zwei Rundhölzer, deren Durchmesser etwa 3,5 cm stark ist und deren Länge ca. 2 m beträgt. Zwischen beiden Stangen wird ein weißer, transparenter Stoff von ca. 2×2 m (z. B. Nessel, Seide, Kunstfasergewebe) befestigt. Diese Leinwand kann wie eine Landkarte schnell aufgerollt werden und braucht wenig Platz. Zwei Kartenständer, die das obere Rundholz halten, genügen, um die Bühne in der jeweils gewünschten Höhe einzustellen und zu plazieren. Um die Leinwand stets straff gespannt zu halten, wird das untere Rundholz an den Kartenständern festgebunden. Es empfiehlt sich, die Höhe des unteren Rundholzes für das Führen der Figuren so zu fixieren, daß sich die Spieler der Figuren nicht gebückt bewegen müssen. Um die Spieler vor den Augen der Zuschauer zu verbergen, wird eine Wolldecke vom unteren Rundholz abwärts gespannt. Eine Leinwand, über einen starren Rahmen aufgezogen, bringt natürlich größere Stabilität, allerdings wird dann auch die Aufbewahrung schwieriger (Standort – Verschmutzung). Dafür würde sich ein abwaschbarer Stoff eignen. Wer die Mühe der Fertigung sparen will, kann auf eine im Handel erhältliche Schattenbühne von Fischereder zurückgreifen, die sich nur lohnt, wenn Schattenspiele auf Dauer beabsichtigt sind. Der Auf- und

Abbau dieser Fertigbühne ist mit Grundschulkindern etwas aufwendiger.
Eine weitere Möglichkeit, feste Schattenbühnen herzustellen, wäre das Bespannen von Keil-, Batik- und Bilderrahmen, die sich besonders für Tisch- und Zimmertheater eignen. Diese Rahmen sind in Bilderhandlungen oder Kaufhäusern relativ günstig zu kaufen.

Hintergrund und Bühnengestaltung

Als Hintergrund für die Schattenbühne können aus standfestem Papiermaterial jeweils passende Kulissen geschnitten werden. Um die Beweglichkeit am Schattenschirm nicht zu beeinträchtigen, befestigt man die Kulissen am Bühnenrand. Je nach der Szene lassen sich die Papierteile ohne großen Aufwand vollends austauschen, ergänzen oder vermindern. Um eine sichere Befestigung und ein rasches Verändern zu gewährleisten, bohrt man in das untere Rundholz links und rechts, entsprechend der Dicke der Haltungsstäbe, Löcher und hat damit ein Steckholz. Der Aufwand in der Herstellung durchbrochener Kulissen mit farbiger Transparentbeklebung ist wesentlich höher, bringt aber auch mehr Effekte und gibt einen guten Anlaß zu einer Gemeinschaftsproduktion aller Schüler. Mit dem Overheadprojektor bietet sich nicht nur ein ausgezeichnetes Beleuchtungsgerät an, durch mit Permanentstiften bemalte Folien lassen sich mit Hilfe dieses Gerätes fast sämtliche Naturerscheinungen – Schnee und Regen, Hell und Dunkel z. B. – auf billigste und rasche Weise herstellen. Durch ständiges Bewegen der Folie auf der Lichtfläche können kontinuierliche Abläufe erzeugt werden, was zu einer Dynamisierung des Schattenspiels führt. Eine rasche Variabilität der Kulissen wird durch sogenanntes overlay erreicht, indem man mehrere Folien übereinanderlegt und dadurch in Farbe und Form differenziertere Kulissen erzielt. Hintergrundgestaltung läßt sich auch mit einem Diaprojektor erzeugen, wenn man selbstgefertigte Kratzdias auf die Schattenbühne projiziert. Man verwendet dabei berußte Glasflächen, in diesem Fall Diagläser und Alufolie, in die das gewünschte Kulissenbild geritzt wird. Für Schulen, die sich intensiv mit dem Schattenspiel auseinandersetzen wollen, empfiehlt sich die Anlage eines Standardfundus aus Häusern, Blumen, Bäumen und Tier- wie Personenfiguren, die in vielen Spielen immer wieder bei geschicktem Einsatz neue Verwendung finden können.

Beleuchtungsmöglichkeiten

Für die Beleuchtung der Schattenbühne wird von der Lichtquelle Kerze in der Grundschule wegen ihres offenen Lichtes abgeraten. Sehr leicht stoßen Kinder in ihrer Begeisterung beim Spiel gegen diese meistens auf Ständern angebrachte Beleuchtung. Durch die Bewegung der Schattenspieler wechselt außerdem die Lichtintensität der Kerzenflamme so stark, daß die Figuren am Schirm nur matt erscheinen, obwohl sie fest angedrückt werden. Diese Beleuchtungsart ist nur für ein kleines Tischtheater günstig. Zudem müssen Kerzen wegen ihrer geringen Ausleuchtung sehr nahe an den Schirm gestellt werden, wodurch die Aktionsfreiheit der Spieler eingeschränkt wird. Viel besser eignet sich hier der Einsatz von Strahlerleuchten jeglicher Art, insbesondere von Klemmstrahlern, die leicht an einem Stativ oder Kartenständer befestigt werden können und bei 100–150 Watt Reflektorleuchten einen sehr starken und homogenen Lichtkegel auf die Bühnenleinwand werfen, der sogar so ausgerichtet werden kann, daß die Schüler unbeleuchtet bleiben. Beim Einsatz mehrerer Strahler lassen sich auch Farbstimmungen durch farbige Reflektorleuchten erzielen. Ein vorzügliches Gerät zur Beleuchtung ist der Overheadprojektor wegen seiner Lichtstärke und der Einstellbarkeit des Lichtkegels sowie der Möglichkeit, Farbeffekte durch aufgelegte Folien hervorzurufen. Starke Diaprojektoren sind ebenfalls ein gutes Beleuchtungsmittel. Vom Episkop ist wegen der geringen Ausleuchtung nach unseren Erfahrungen abzuraten. Der Standort einer Lichtquelle ist natürlich jeweils abhängig von der Schattentuchgröße und davon, ob man einen Kern- oder einen Halbschatten erzeugen möchte. Nähert man die Lichtquelle dem Schirm, so sind die Konturen der Figuren scharf, bei weiterem Abstand verschwommener. Die Helligkeitswerte lassen sich bei gleichbleibender Entfernung der Lichtquelle am besten mit einem Dimmer (Helligkeitsregler) einstellen. Bei der Bewegung der Figuren vor dem Schirm ist darauf zu achten, daß sie möglichst nahe an die Leinwand gedrückt werden, da sonst sowohl die Feinkonturer sowie farbige Durchbrechungen nicht voll zur Geltung kommen. Ebenso sollte die Leinwand stets straff gespannt sein.

Stoffauswahl

In der Schattenspielliteratur findet sich wenig brauchbares Material zur schulischen Verwendung. Einerseits sind die Texte antiquiert, andererseits übersteigen sie von der Textgestaltung und Länge die Möglichkeiten einer Grundschulaufführung. Für schulische Zwecke stehen eine Menge kindgemäßer Themen: Märchen, Schwänke, Umweltgeschichten – auch in den verwendeten Lesebüchern auffindbar – zur Verfügung. Die Kenntnis dieser Geschichten und ihre spielerische Transformierung kann als Projektunterricht – fachübergreifend – in jeder Klasse zur Aufgabe gestellt werden. Die Anforderungen allerdings sind den psychosozialen Gegebenheiten der Klasse anzupassen. Der Anstoß, eine eigene Spielidee zu entwickeln und sie textlich zu formulieren, ist jedoch meistens nur einer vierten Klasse zumutbar, da selbst bei vollem Einsatz des Lehrers und sprachlich gewandten Schülern ein ungeheuerer Zeitaufwand nötig ist, selbst oder gerade, wenn die Texte in arbeitsteiliger Gruppenarbeit erstellt werden. Die Lust am Spiel geht dann oft über Textvergleich oder Textkorrektur verloren.

Mögliche Arbeitsschritte bei der Erstellung einer Geschichte auf der Grundlage eines Textes bei der Entwicklung eines Drehbuches:

- Sichten der Interessenhaltung der Schüler, entweder Sammeln möglicher Vorschläge der Schüler oder Konfrontation der Schüler mit verschiedenen Textangeboten durch den Lehrer
- Textdiskussion und Festlegung
- Szenische Gliederung des Textes
- Umsetzen des Textes in wörtliche Rede, soweit es möglich ist, bzw. Umsetzen einer Szene unter Lenkung des Lehrers im Klassenunterricht oder arbeitsteiliger Gruppenarbeit, um den Schülern exemplarisch die Transformierung durchsichtig zu machen und ihnen Lösungshilfen anzubieten. Die weiteren Szenen werden dann je nach Leistungsfähigkeit der Gruppe verteilt.

  Wichtig ist, daß der Klasse Arbeitstexte in Form von Abzügen zur Verfügung stehen, so daß sie weitere Ergänzungen oder Veränderungen vornehmen kann und das Ganze im Laufe der Zeit durch die angebrachten Textoptimierungen zu einem verfügbaren Drehbuch anwächst.
- Schon während der textlichen Bearbeitung sind Schüler bereit, sich für diese oder jene Rolle zur Verfügung zu stellen. Eine letztliche Auswahl kann hier nur durch Vergleich und mit Hilfe von Tonbandaufnahmen gemacht werden, um die verschiedenen Artikulationen und Intonationen deutlich zu machen. Schüler entwickeln sehr schnell ein Gefühl für rollenadäquate Sprache. Für die Sicherung der Durchführung sowie die Mitwirkung einer größeren Schülerzahl ist eine Doppelbesetzung oft zweckdienlich, da sie gleichzeitig auch Wettbewerbscharakter beinhaltet.
- Die szenische Gestaltung von Kulissenaufbau und Figurenbewegung muß gründlichst durchbesprochen und auf ihre spielerische Machbarkeit hin überprüft werden. Schüler schlagen im allgemeinen sehr viel Ausstattung vor, was sich jedoch spieltechnisch gar nicht bewältigen läßt. Nach schließlicher Festlegung muß so lange geprobt werden, bis der Handlungsablauf fast automatisch erfolgt. Die separate Einübung – nur musikalische Gruppe – nur Figurenführungsgruppe – ist Arbeitserleichterung für den Lehrer und bringt höhere Effektivität in kürzerer Zeit.

Wert des Schattenspiels

Soziales Lernen ergibt sich durch die gemeinsame Erarbeitung eines Schattenspiels in einer Klasse auf ganz natürliche Weise. Eingebunden in eine gemeinsame Aufgabe, ist kaum ein Schüler dabei, der nicht kooperationsbereit wäre und manche Differenzen zugunsten einer fruchtbaren Zusammenarbeit hintanstellen würde. Wenngleich auch während der langfristigen und nicht immer einfachen Arbeit, die vom Schüler nicht selten außerschulischen Einsatz erfordert, Durststrecken auftreten, bringt die Zugkraft des Zieles die Klasse doch immer wieder in Schwung. Ein Lehrer, der mit pädagogischem Takt den Schülern entsprechende Aufgaben zuweist, verhilft bei solchen Projekten

gerade vielen schwachen Schülern zu Erfolgserlebnissen, die dann auch auf andere Unterrichtsbereiche durchschlagen können. Differenzierende Maßnahmen in der Einsatzverteilung haben so einen nicht zu unterschätzenden therapeutischen Effekt. Die intensive Auseinandersetzung mit dem spielerischen Tun, das Hineinversetzen in eine Rolle, die nicht personell, sondern stellvertretend über die Schattenpuppen an die Zuschauer vermittelt wird, und damit den Spieler im „incognito“ beläßt, löst, wie oft beobachtet, Hemmungen, die beim herkömmlichen Theaterspiel auftreten würden, da der Schüler im Schutz der Schattenbühne und Schattenfigur zu mehr Selbstvertrauen und größerer Selbstsicherheit gelangt. Das führt auch zu einer wesentlichen Steigerung seiner darstellerischen Leistungen, bezogen auch auf Eloquenz und nuancierte sowie kreative Figurenbewegung. Für viele Schüler ist der Umgang mit dem Schattenspiel oft auslösender Faktor für weitere Beschäftigung mit dem Theaterspiel an sich, der Anreiz, den Theaterbesuch als eine sinnvolle Freizeitbeschäftigung zu akzeptieren und das Verständnis für alle Arten des darstellenden Spiels anzubahnen und zu vertiefen. Der Theaterbesuch, speziell der des Marionetten- oder Puppentheaters (da Schattentheater kaum angeboten wird) während der Durchführung eines Schattenspiels, ist ein wichtiger Lern- und Leistungsanstoß. Diese Kleinbühnen bieten von der Bühnengestaltung sowie von der Regie und textlichen Qualität Lösungshilfen für die Bewältigung des Spiels. Bei Schülern steigern sich bei dieser lernintensiven und begabungsfördernden Arbeit oft Neigungen zu Spezialgebieten, z. B. kompositorische, zeichnerische, musikalische und handwerklich-technische Komponenten oder lösen manchmal erst Begabungen aus.
Es geht aber bei der Arbeit letztlich nicht darum, ein möglichst perfektionistisches Spiel auf die Bühne zu bringen. Trotz eines gesicherten Ablaufes können dem Schüler Freiräume – über deren mögliche, im Rahmen des Spiels bleibende Ausführung er aber vorher in Kenntnis gesetzt sein sollte – verbleiben, die er je nach Resonanz aus dem Zuschauerraum noch kreativ eigengestaltet. Die Kreativität soll natürlich während der Planung und Erprobung noch mehr zum Tragen kommen. Wie schwer es ist, Schüler vom Vorbild weg – und sei es nur der Nachbar – zu eigenen schöpferischen Ansätzen zu bewegen, weiß jeder Lehrer. Dennoch sollte man nicht nach dem Motto verfahren: Kreativität um jeden Preis.

Eine spielerische Gemeinschaft kann auch nur aus der Freude am Tun erwachsen. Kinder haben gerade in der Grundschule ein ausgeprägtes Kommunikationsbedürfnis, das durch Spiele jeder Art gestillt werden kann. Mit den Planungen des Schattenspiels sind sie, wenn auch nur sporadisch, wenigstens über einen längeren Zeitraum hinweg vom Leistungsdruck der anderen Fächer befreit. Diesen Raum der schulischen Entspannung und der selbstgewählten Anspannung gilt es in der Grundschule noch stärker zu nutzen.

II. Teil: Texte

Märchen

Hänsel und Gretel

Sprecher: Es ist Markttag in der Stadt. Gretel und Mutter sind allein zu Hause.

Mutter: Warum stehst du die ganze Zeit am Fenster? Hilf mir doch lieber beim Wäscheeinräumen!

Gretel: Ach Mutter, es ist so langweilig. Wo bleibt nur der Hänsel?

Mutter: Du weißt doch, daß Vater und Hänsel schon am frühen Morgen in die Stadt auf den Markt gegangen sind, um dort Besen und Brennholz zu verkaufen.

Gretel: Hoffentlich bringt der Vater heute etwas zum Essen mit, ich habe furchtbaren Hunger. Seit gestern hat es ja nichts mehr zu essen gegeben.

Mutter: Das hoffe ich auch, Gretel. Wir brauchen wieder einmal eine ordentliche Mahlzeit. Aber nun lieg' mir nicht dauernd in den Ohren, geh' lieber hinauf und richte dem Vater und dem Hänsel die Betten. Sie werden todmüde sein, wenn sie nach Hause kommen.

Vater: Komm' Hänsel, Mutter wird schon auf uns warten.

Hänsel: Mir tut mein Rücken vom Tragen weh. Wie lange müssen wir denn noch laufen?

Vater: Wieder haben wir nichts verkauft. Die Mutter wird Augen machen, wenn sie uns so bepackt sieht. Wovon sollen wir nur leben?

Mutter: Gott sei Dank, daß ihr da seid, uns knurrt der Magen. Hoffentlich habt ihr etwas mitgebracht!

Vater: Liebe Frau, das ist nun schon das zweite Wochenende, an dem wir nichts verkaufen konnten. In der Stadt wollen sie unsere großen Besen nicht mehr, und Brennholz brauchen sie erst im Winter. Wenn das so weitergeht, müssen wir alle verhungern.

Hänsel: Ich gehe zu Bett. Es gibt ja sowieso nichts zu essen.

Gretel: Ich auch, gute Nacht.

Mutter: Gute Nacht Kinder. Hoffentlich könnt ihr vor Hunger einschlafen?

Sprecher: Vater und Mutter setzten sich an den Tisch. Sie schwiegen und grübelten. Lange wußten sie keinen Ausweg. Schließlich brach die Mutter das Schweigen und sagte zu ihrem Mann:

Mutter: Lieber Mann, ich glaube, es gibt keinen anderen Ausweg mehr. Wir müssen uns von den Kindern trennen, bevor wir allesamt verhungern.

Sprecher: Auch der Vater wußte sich keinen anderen Rat.

Vater: Es ist ein Jammer mit uns. Zu wem sollen wir denn die Kinder bringen, liebe Frau? Wir haben doch keine Verwandten und Bekannten. Kein Fremder wird sie uns abnehmen und ernähren.

Mutter: Das weiß ich auch, lieber Mann. Es geht einfach nicht anders. Wir müssen die Kinder gleich morgen in aller Frühe in den Wald hineinbringen, so tief, daß sie nicht mehr zurückfinden. So leid uns das auch tut.

Der Vater von Hänsel und Gretel bringt die Besen zum Markt

Vater: Nein, Mutter, ich habe das ja selbst schon zweimal versucht. Aber jedesmal haben sie den Weg wieder zurückgefunden. Sie werden den Weg auch beim dritten Mal finden.

Sprecher: Während Vater und Mutter dachten, sie seien allein und ohne Zuhörer, stand Hänsel, der vor Hunger nicht hatte einschlafen können, lauschend hinter der Tür und hörte die schlimmen Worte der Eltern. Bevor diese ins Bett gingen, schlich er flink die Stiegen hinauf und schlüpfte zu seiner Schwester ins Bett.

Hänsel: Gretel, Gretel, Gretel, . . . so wach' doch endlich auf!

Gretel: Was ist denn? Warum weckst du mich mitten in der Nacht?

Hänsel: Gretel, liebe Schwester, wach' auf, ich muß dir etwas Wichtiges erzählen! Es geht um uns beide.

Sprecher: Flüsternd erzählte Hänsel seiner Schwester von dem Plan, den die Eltern am nächsten Tag mit ihnen vorhatten. Kaum hatte Gretel davon erfahren, wurde sie kreidebleich vor Angst und Schrecken, denn sie dachte an die schrecklichen Stunden im Wald, als sie schon einmal den Weg nach Hause gesucht hatten. Sie fing an, bitterlich zu weinen.

Hänsel: Gretel, Gretel, so hör' doch auf! Du brauchst keine Angst zu haben. Weißt du, ich lege wieder Kieselsteine auf den Weg wie das letzte Mal, dann finden wir auch diesmal zurück. Ich werde gleich welche holen.

Sprecher: Als Hänsel seine Schwester beruhigt hatte, und sie wieder eingeschlafen war, horchte er, ob sich im Hause noch etwas rührte. Als alles totenstill war, huschte er wie eine Maus an die Haustüre, um draußen seine Taschen mit Kieselsteinen vollzufüllen. Aber, o Schreck, die Türe war verschlossen!

Hänsel: O weh, die Türe ist versperrt, ich kann nicht mehr hinaus. Was mache ich denn nur? Halt, ich weiß schon etwas! Der Vater gab mir auf dem Herweg ein Stück altes Brot, das letzte, das er hatte, und sagte, ich solle sparsam damit sein. Ein kleines Stück davon ist noch übrig. Das werde ich zerbrechen und die Krumen auf den Weg streuen, ohne daß es jemand bemerkt. Nur gut, daß ich es am Abend nicht aufgegessen habe.

Sprecher: Am nächsten Morgen wanderten die Kinder mit ihren Eltern in den Wald, tief und tiefer. Ab und zu blieb Hänsel zurück und ließ eine Brotkrume zur Erde fallen. An einer bestimmten Stelle blieben die Eltern stehen und sagten zu Hänsel und Gretel:

Vater und Mutter: Kinder, bleibt hier und wartet auf uns, bis wir wiederkommen. Wir wollen im Wald nur noch Beeren und Holz sammeln.

Sprecher: Es wurde Mittag, Abend und bald Nacht. Keiner kam mehr zurück. Die Kinder suchten ihre Eltern und irrten im Wald umher. Gretel bekam schreckliche Angst.

Gretel: Hänsel, es ist schon dunkel. Der Mond scheint. Finden wir wirklich zurück?

Hänsel: Natürlich, Gretel, wir brauchen doch nur die Brotkrumen suchen!

Die traurige Mutter winkt den verstoßenen Kindern nach

Sprecher: Sie suchten und suchten, aber sie fanden keine einzige Brotkrume mehr. Da wußte Hänsel, was geschehen war, und er sprach zur Gretel:

Hänsel: Gretel, du mußt jetzt tapfer sein, ich kenne den Weg nicht. Die Vögel haben all unsere Brotstückchen gefressen. Kopf hoch, Gretel, es wird schon gut werden!

Sprecher: Die Kinder waren des Umherirrens müde und legten sich im weichen Moos zum Schlafen nieder. Am nächsten Tag machten sie sich erneut auf den Weg. Stundenlang liefen sie durch den Wald. Plötzlich kamen sie an eine Lichtung, auf der ein Häuschen stand. Sie gingen näher hin und guckten sich neugierig um.

Hänsel: Du, Gretel, das Dach ist ja mit Lebkuchen gedeckt! Die Fenster sind aus Marzipan, und die Mauersteine sind aus Pfefferkuchen.

Gretel: Hmm, wie das riecht. Da machen wir uns gleich darüber. Nun haben wir genug zu essen.

Sprecher: Die Kinder aßen und aßen, bis sie nicht mehr konnten. Da hörten sie eine seltsame Stimme.

Hexe: Knusper, knusper, knäuschen. Wer knuspert an meinem Häuschen?

Hänsel: Der Wind, der Wind, das himmlische Kind!

Sprecher: Da erschrak Gretel. Um die Ecke kam eine alte Frau mit runzligem Gesicht, die beim Gehen hinkte und sich auf den Stock stützte. Sie hatte bohrende, stechende Augen und eine lange spitze Nase. Auf ihrer Schulter saß eine schwarze Katze.

Hexe: Ei, ei, ihr lieben Kinderlein, kommt nur herein zu mir, kommt nur herein! Keine Angst, ihr sollt es gut bei mir haben, kommt nur herein!

Gretel: Nein, Hänsel, nein! Ich will nicht mit der Frau gehen, ich habe Furcht vor ihr!

Hexe: Erschrecken tue ich dich? Furcht hast du vor mir? Ich werde dich liebhaben, zum Fressen liebhaben!

Hänsel: Komm' Gretel, sei kein Angsthase, sei nicht so zimperlich! Wir wollen nicht unfreundlich sein. Wir können ja später nach Hause gehen, der Tag ist noch lange.

Hexe: Nur herein, ihr lieben Kinderlein, herein in mein Haus, herein!

Sprecher: Die Kinder gingen mit der Hexe ins Haus und setzten sich an den Tisch. Die Hexe stellte ihnen Suppe hin, und sie aßen mit großem Appetit. Bald darauf schliefen sie ein.

Hexe: Seid ihr nun eingeschlafen, meine kleinen Vögelchen, ihr werdet euch wundern! Euch soll es gut gehen . . . he, he, he, he; abrakadabra – dreimal schwarzer Kater – simsalabim – einmal vier und dreimal drei – Stall herbei!

Sprecher: Schon lag Hänsel in dem Stall.

Hexe: Dort wirst du so lange bleiben, bis du fett genug bist.

Sprecher: Dann wandte sie sich zu Gretel und fing wieder zu zaubern an.

Hexe: Hokuspokus fidibus – eins ist keins und zwei ist drei – Ofen herbei! Ofen, Ofen, du sollst mir die Gretel knusprig backen. Aber zuerst muß sie den Hänsel füttern und mir im Hause helfen. Zu meinem nächsten Hexenfest am Vollmondtag soll alles sauber sein.

Die böse Hexe prüft Hänsels Finger

Sprecher: Hänsel und Gretel waren nun schon über eine Woche bei der Hexe. Da kam Gretel traurig an den Stall und sagte zu ihrem Bruder:

Gretel: Heute will die böse Hexe deinen Finger anfassen, um zu prüfen, ob du schon fett genug bist. Sie will dich dann kochen und auffressen.

Hänsel: Hab' keine Angst, Gretel, ich werde sie täuschen. Ich habe hier im Stall ein Knöchelchen gefunden, das halte ich ihr durch's Gitter hinaus.

Sprecher: Sie hatten kaum ein paar Worte miteinander gewechselt, da kam die Hexe angeschlurft.

Hexe: Gretel, wo bleibst du so lange? Faules Ding, faules! Heute ist Festtag, ich muß viel kochen und braten! Hol' sofort Wasser aus dem Brunnen!

Sprecher: Während Gretel ging, hinkte die Hexe zum Stall und rief:

Hexe: Hänsel, elendes Knochengerüst! Wann wirst du endlich fett werden? Zeig' deinen Finger!

Sprecher: Hänsel hielt das Knöchelchen durch die Gitterstäbe hinaus, und die Hexe packte zu.

Hexe: Zum Donnerwetter, eine Woche habe ich dich nun gefüttert und du hast noch keinen Speck angesetzt! Aber das soll mir egal sein, ob dick oder dünn, heute wirst du gefressen!

Sprecher: Gretel hatte das Wasser geholt, kam zurück und stellte es auf den Ofen. Die Hexe schaffte ihr gleich eine neue Arbeit an.

Hexe: Los, vorwärts, du wirst jetzt den Ofen schüren! Zuvor aber machst du den Backraum noch sauber!

Sprecher: Gretel tat, was ihr aufgetragen war.

Hexe: Sieh nun nach, ob das Feuer richtig brennt! Ich selber kann es nicht tun, meine Augen sind zu schwach dazu.

Gretel: Ich weiß nicht, wie man das macht. Ich kann das nicht.

Hexe: Du dumme Gans, ich werde es dir zeigen.

Sprecher: Die Hexe legte den Stock zur Seite, bückte sich, hob das eine Bein, dann das andere und schob sich langsam in den Backofen. Gretel wartete, bis die Hexe weit genug im Ofenloch verschwunden war, stürzte plötzlich zum Backofen, gab der Hexe einen Stoß und wumm, schlug sie die Backofentüre hinter ihr zu. Die Hexe schrie fürchterlich:

Hexe: So mach' doch auf, ich verbrenne, Gretel, liebe Gretel, laß' mich doch heraus! Au, au, abra, abra . . .

Sprecher: Aber weder die Rufe, die Flüche, noch die Zaubersprüche halfen der Hexe, und es dauerte nicht lange, da wurde es im Backofen ganz still. Aus dem Schornstein stieg eine schwarze Rauchwolke auf. Das war alles, was von der bösen Hexe übrig geblieben war. Schnell eilte Gretel zum Stall.

Gretel: Hänsel, Hänsel, die Hexe ist tot! Sie ist im Backofen verbrannt. Jetzt sind wir wieder frei und können nach Hause gehen. Komm schnell, ich befreie dich.

Sprecher: Als Hänsel aus dem Stall befreit war, umarmte er seine Schwester, und beide tanzten vor Freude um den Backofen. Dann sagte Hänsel:

Hänsel: Gretel, nun wird es aber Zeit, daß wir uns auf den Heimweg machen!

Gretel schiebt die böse Hexe in den Backofen

Gretel: Horch', hörst du nichts, da ruft doch der Vater.

Hänsel: Du hast recht. Es ist seine Stimme.

Vater: Hänsel . . . Gretel! Wo seid ihr denn? Hallo, wo seid ihr? Rührt euch doch, antwortet mir!

Hänsel und Gretel: Hier sind wir, Vater, beim Hexenhaus!

Sprecher: Bald stand der Vater neben dem Hexenhaus. Alle waren überglücklich, daß sie sich wiedergefunden hatten. Während die Kinder mit dem Vater Wiedersehen feierten, verwandelten sich die Pfefferkuchen in Goldstücke, die Marzipanfenster in Edelsteine und die Lebkuchen auf dem Dach in Silberstücke.

Hänsel und Gretel: Sieh nur, Vater, wie das alles glänzt! Jetzt sind wir reich und brauchen nie mehr zu hungern!

Sprecher: Sie packten ihre Taschen randvoll mit Gold und Edelsteinen und kehrten nach Hause zurück, wo die Mutter vor Sehnsucht fast krank geworden war. Die Schätze, die sie mitgebracht hatten, reichten für ein langes, sorgloses Leben.

Das Zuhause von Hänsel und Gretel

Frau Holle

Sprecher:
Es war einmal, der Satz verrät,
daß es hier um ein Märchen geht.
Darin geschehen Wunderdinge,
verteilen Feen Zauberringe;
Menschen verwandeln sich im Nu,
läuft einer fort im Zauberschuh,
findet ein Armer einen Schatz,
sitzt auf dem Königsthron 'ne Katz,
sprechen die Tiere Menschenworte,
ist man blitzschnell am ander'n Orte.
Der Kleinste zwingt den Riesen nieder,
ein abgeschlag'ner Kopf wächst wieder
und Zahlen wie drei, sieben, zwölf,
ergeben hier zusammen elf.

In uns'rem Märchen von Frau Holle,
spielen vier Frauen eine Rolle.
Paßt auf, was eine jede tut,
nicht alle sind sie fromm und gut.

Eine Witwe hatte dazumal
zwei junge Töchter an der Zahl.
Die eine war fleißig und schön,
die and're wollt' nie Arbeit seh'n.

Pechmarie:
Ich lieg' am liebsten faul im Bett,
denn meine Mutter find' mich nett.
Mir geht's zu Hause immer gut,
und ich bin ständig ausgeruht.

Goldmarie:
Ich kriege niemals schöne Sachen
und habe sonst auch nichts zu lachen.
Von früh bis spät darf ich nicht ruh'n
und muß die schlimmste Arbeit tun.

Morgens muß ich den Ofen fegen
und ständig neues Holz nachlegen.
Mittags muß ich am Brunnen spinnen,
da will die Zeit schier nicht verrinnen.

Bei Mutter schein' ich nichts zu gelten,
denn sie kann mich nur dauernd schelten.
Ich spinne mir die Finger wund,
trotzdem schlägt sie mich ohne Grund.

Pechmarie: Die Kleine soll nur tüchtig schuften,
ich werd' zum Baden schnell verduften
oder vielleicht spazierengeh'n –
na ja, wir werden dann schon seh'n.

Sprecher: Die faule Tochter ging bald fort,
die fleiß'ge saß am Brunnenort
und spann und spann mit frischem Mut,
da sprang aus ihren Fingern Blut.

Die Spule mit dem Garn wurd' rot,
die Spinnerin kam arg in Not.
Sie wollte dieses Garn schnell waschen,
um keine Schläge zu erhaschen.

Doch als sie saß am Brunnenrand,
fiel ihr die Spule aus der Hand.
Hinab fiel sie ins Dunkel tief,
flugs lief das Mädchen heim und rief:

Goldmarie: Mutter, was mir g'rad geschehen,
war ein Unglück, ein Versehen.
Bitte, schimpf' nicht gar so sehr,
ich trag' an diesem Fehler schwer.

Mutter: Dummes Kind, ich wußte immer,
du bist unnütz, ja noch schlimmer,
geh' und hol' die Spule her,
sonst kriegst du keinen Happen mehr.

Sprecher: Das arme Kind lief schnell zurück
und hoffte auf ein wenig Glück,
um das Verlor'ne zu erlangen.
Ihr war ganz schlecht vor lauter Bangen.

Goldmarie: Mir fällt nichts ein, es ist vorbei.
Ich spring' ins Wasser, eins, zwei, drei.
Dann brauche ich in diesem Leben,
nie mehr vor meiner Mutter beben.

Sprecher: Das Mädchen stürzte aus dem Stand
hinein ins Wasser und verschwand.
Danach jedoch fand sie sich wieder
auf einem Rasen unter Flieder.

Goldmarie: Wo bin ich bloß, in welchem Land?
Mir ist das alles unbekannt.
Doch finde ich es wunderbar.
Ich seh' mich um, das ist doch klar.

Sprecher: Sie machte an die hundert Schritte,
da stand dort in der Wiesenmitte
ein alter Ofen voller Brot,
das rief sie an in seiner Not:

Brot: Liebes Mädchen, zieh' mich 'raus,
sonst ist 's mit meiner Kruste aus!
Ich bin schon rundum durch und braun
und jetzt noch herrlich anzuschau'n!

Goldmarie: Ich hol' dich aus der Ofenglut.
Ich weiß, wie weh' das Feuer tut.
Auf dieser Wiese kannst du kühlen
und wirst dich bald viel besser fühlen.

Sprecher: Das Mädchen hüpfte flink voran,
bis es zu einem Obstbaum kam.
Der hing mit Äpfeln übervoll
und schrie verzweifelt und wie toll:

Baum: Ach, schüttle mich, du liebes Kind,
mach' mich von Äpfeln frei geschwind!
Sie sind ganz reif und voller Saft!
Wer einen ißt, spürt neue Kraft!

Goldmarie: Ich helfe dir, weil du so flehst,
bevor du an der Last vergehst.
Kommt schnell herab, ihr Äpfel alle!
Tut euch nicht weh' beim tiefen Falle.

Sprecher: Nach dieser Tat zog sie gleich weiter.
Die Sonne schien am Himmel heiter.
Bald kam sie an ein kleines Haus,
da sah 'ne Frau zum Fenster 'raus.

Sie hatte eine lange Mähne
und riesengroße, weiße Zähne.
Das Mädchen wollte fort im Nu,
da rief die Alte ihr schnell zu:

Frau Holle: Bleibe bei mir, mein liebes Kind,
machst du die Arbeit mir geschwind,
soll es dir fortan gut ergeh'n,
und ich werd' immer zu dir steh'n.

Du mußt nur stets die Betten rütteln
und daraus viele Federn schütteln,
denn dann schneit es in deiner Welt,
und Schnee liegt dick auf Wald und Feld.

Sprecher: Das Mädchen willigte bald ein
und machte seine Arbeit fein.
Es fiel ein Jahr kein böses Wort,
trotzdem wollte das Mädchen fort.

Es hatte Heimweh nach zuhaus',
obwohl das Leben dort ein Graus.
Frau Holle tat dies wirklich leid,
denn sie hatte an ihr viel Freud'.

Frau Holle: Ich lasse dich nicht gerne scheiden,
denn ich kann dich bis heut' gut leiden.
Du warst mir all die Zeit sehr treu,
doch alles geht einmal vorbei.

Gib mir die Hand und komme schon,
du kriegst ja noch den Jahreslohn.
Stell' dich dort unter's große Tor
und komm' erst, wenn ich ruf', hervor.

Sprecher: Das Mädchen stand nur kurze Zeit,
da hat es Gold auf sie geschneit.
Es funkelte ihr Kleid, ihr Haar.
Sie war voll Goldstaub ganz und gar.

Frau Holle: Das ist dein Lohn für deinen Fleiß,
für deine Mühe und den Schweiß.
Hier, nimm die Spule mit zurück,
sie brachte dir und mir viel Glück.

Sprecher: Gleich darauf schloß sich das Tor.
Das brave Mädchen stand davor.
Sie war wieder in ihrer Welt
und übersät mit Gold und Geld.

Bald gelangte sie nach Hause
und machte dort im Hofe Pause.
Und während sie noch sinnend stand,
da rief der Hahn vom Brunnenrand:

Hahn: Kikeriki, kikeriki, kikeriki,
unsere Goldmarie ist wieder hie'!

Sprecher: Die Mutter hörte das Geschrei
und rannte neugierig herbei.
Sie nahm die Tochter gerne auf,
denn diese brachte Gold zu Hauf.

Mutter: Wo hast du dieses Gold nur her?
Gibt es dort, wo du warst, noch mehr?
Erzähl' mir alles, kurz und klein,
ich will dir dafür dankbar sein.

Sprecher: Und Goldmarie erzählte klar,
wie schön es bei Frau Holle war –
und wie die Spule sie verlor –
und wie sie zweimal ging durchs Tor.

Die faule Tochter kam zurück
und wünschte sich auch solch' ein Glück.
Um dieses schnellstens zu gewinnen,
begann am Brunnen sie zu spinnen.

Damit die Spule rot vom Blut,
stach sie sich einen Dorn voll Wut
in ihren Finger und die Hand
und sprang danach vom Brunnenrand.

Genauso wie beim ersten Mal
landete sie nach ihrem Fall
auf einer Wiese, saftig grün,
und lief zum alten Ofen hin.
Aus dem rief wieder voller Not
das eingeschloss'ne, heiße Brot:

Brot: Liebes Mädchen, zieh' mich 'raus,
sonst ist's mit meiner Kruste aus!
Ich bin schon rundum durch und braun
und jetzt noch herrlich anzuschau'n!

Pechmarie: Laß mich in Ruh' und bleib' im Feuer.
Mir sind gesunde Hände teuer.
Ich will sie mir nicht hier verbrennen
und lieber durch die Wiese rennen.

Sprecher: Sie sprang rasch weiter durch das Land
und hielt dort, wo der Obstbaum stand.
Der hing wie vormals rundum voll,
und wieder schrie der Baum wie toll:

Baum: Ach, schüttle mich, du liebes Kind,
mach' mich von Äpfeln frei geschwind!
Sie sind ganz reif und voller Saft!
Wer einen ißt, spürt neue Kraft!

Pechmarie: Hör' auf, mach' Schluß mit dem Geschrei!
Dein Rufen ist mir einerlei.
Was kümmern mich die Äpfel alle,
leicht trifft mich einer bei dem Falle.

Sprecher: Sie ließ den Baum ganz einfach steh'n
und fing an g'radeaus zu geh'n.
Bald traf Frau Holle sie im Haus.
Vor ihr war ihr kein bißchen graus,
trotz ihrer wilden, dicken Mähne
und ihrer langen, gelben Zähne.

Frau Holle: Willst du dich, Kind, bei mir verdingen
und dieses Haus in Ordnung bringen,
so komm herbei und bleibe hier.
Sei fleißig und gehorche mir!

Pechmarie: Jawohl, ich will die Arbeit für dich tun,
die Betten schütteln und nicht ruh'n,
den Ofen putzen, Essen machen
und all die ander'n Haushaltssachen.

Sprecher: Es ging sehr gut am ersten Tag.
Am zweiten hatt' sie satt die Plag'.
Am dritten wollte sie nur ruh'n,
am vierten keinen Streich mehr tun.

Die Betten blieben ungerüttelt.
Die Federn wurden nicht geschüttelt,
und auf der Erde lag kein Schnee.
Die Kinder riefen ach und weh.

Frau Holle: So kann das hier nicht weitergeh'n.
Die Menschen wollen Flocken seh'n.
Du hast die Arbeit schlecht verrichtet
und bist von deinem Dienst entpflichtet.

Pechmarie: Ich kriege aber noch den Lohn,
sonst geh' ich nicht von hier davon.
Ich will auch unter's gold'ne Tor
und nicht mehr arm sein wie zuvor.

Frau Holle: Komm nur herbei, ich führ' dich hin.
Du findest dort deinen Gewinn.
Bleib' ruhig steh'n und schau nach oben,
denn die Belohnung kommt von droben.

Sprecher: Die Faule wartete auf Gold,
doch dieses Glück ward ihr nicht hold.
Aus einem riesengroßen Topf
floß schwarzes Pech auf ihren Kopf.

Sofort schloß sich das breite Tor.
Die Faule sah aus wie ein Mohr
und kam betrübt zu Hause an.
Der Hahn sogleich zu schrei'n begann:

Hahn: Kikeriki, kikeriki, kikeriki
unsere Pechmarie ist wieder hie'!

Sprecher: Das Pech blieb fest das ganze Leben
an diesem faulen Mädchen kleben.
Die Leute lachten sich halbtot,
nicht einer half ihr in der Not.

Die Mutter strebte nur nach Gold
und war ihr seitdem nicht mehr hold.
Sie jagte sie im Zorne fort.
Die Faule mied den Heimatort.

Sie zog als Pechmarie weit durch das Land,
nahm alle Arbeit an, die sie nur fand,
um nicht den Hungertod zu sterben
und auf der Straße zu verderben.

Und die Moral von der Geschicht':

Das Gold aus eig'ner Hände Fleiß
ist doch fürwahr der schönste Preis.

Kulissenentwurf: Goldmarie unter dem Tor

Die Stadtmaus und die Feldmaus

Sprecher: Eine Stadtmaus ging auf Wanderschaft
mit frischem Mut und voller Kraft.
Sie wollt' den schönen Tag genießen
und stapfte fröhlich durch die Wiesen.
Da traf sie eine Feldmaus klein
und trat in ein Gespräch zu zwei'n.

Feldmaus: Ei guten Tag, Frau Nachbarin.
Wo geht denn deine Reise hin?
Ich seh' an deinen neuen Schuhen,
du willst laufen und nicht ruhen.

Stadtmaus: Ich wandere schon stundenlang.
Mich freut die Luft und Vogelsang.
Doch sind jetzt meine Sohlen heiß,
und von der Stirn rinnt mir der Schweiß.

Am liebsten würde ich 'was essen
und meine wunden Füß' vergessen.
Ich liebe Wurst und Käs' und Bier,
doch sehe ich kein Gasthaus hier.

Feldmaus: Du kannst bei mir ein wenig rasten
und dich erholen von dem Hasten.
Ich habe Eicheln, Nüsse, Gerste.
An diesem Tag bist du die erste,
die diese leck'ren Bissen schmaust.
Ich hab' sie gestern erst gemaust.

Stadtmaus: Was soll ich essen, sag's nochmal.
Solch' Essen ist für mich zu schmal.
Ich nehm' nur feinste Leckerbissen,
von denen scheinst du nichts zu wissen.

Ich schnabuliere Wurst und Käse,
schleck' vom Salat die Majonaise.
Ich knabbere am Räucherspeck
und trink' der Katz' die Sahne weg.

Feldmaus: Du lebst scheint's wie im Paradies.
Ich kenne nur das Feldgemüs'.
Ich möcht' auch solche Sachen schmecken
und an der süßen Sahne lecken.

Stadtmaus: Du kannst das alles sofort haben
und dich an guten Dingen laben.
Ich lade dich zu mir nach Haus',
dort halten wir den Festtagsschmaus.

Komm schnell, nicht lange nachgedacht,
sonst zieht herauf die dunkle Nacht.
Der Weg zu mir ist ganz schön weit.
Wir brauchen dazu noch viel Zeit.

Sprecher: Schnell machten sich die Mäuse auf
und zogen heim im Dauerlauf.
Bald standen sie nach langer Reise
in einer Kammer voller Speise.

Sie fraßen sich mit großer Lust
durch Wurst und Speck und Entenbrust
und naschten einmal da, mal dort,
so ging das stundenlange fort.

Feldmaus: Ich fühle mich mauswohl bei dir.
All' diese Dinge schmecken mir
weit besser als die eig'nen Sachen.
Bei dir, da möcht' ich Urlaub machen.

Stadtmaus: Ich lebe täglich wie die Made.
Dein Leben, das erscheint mir fade.
Ich brauche keine Hand zu heben,
um hier im Überfluß zu leben.

Sprecher: Doch während sie beim Essen saßen
und alle Vorsicht schon vergaßen,
da rumpelte es an der Tür.
Es war der Herr des Hauses hier.

Man hörte plötzlich rasche Schritte,
und er stand in des Raumes Mitte.
Da half nur noch ganz schnelles Fliehen
und sich ins Loch zurückzuziehen.

Die Stadtmaus, die war gleich verschwunden.
Die Feldmaus hat kein Loch gefunden.
Sie rannte hin und rannte her
und bangte um ihr Leben sehr.

Nach kurzer Zeit verschwand der Mann,
und uns're Stadtmaus, die begann,
aus ihrem Loch hervorzuschlüpfen
und wieder auf den Käs' zu hüpfen.

Feldmaus: O weh, o weh, welch' arger Schreck!
Mir blieb vor Angst die Luft ganz weg.
Ich dachte an die letzte Stund',
doch, Gott sei Dank, bin ich gesund.

Stadtmaus: Komm, iß, und höre auf zu klagen!
Verwöhne lieber deinen Magen.
Das bißchen Angst ist bald vergessen
bei diesem wunderbaren Essen.

Feldmaus: Keinen Bissen kann ich schlucken,
denn ständig muß ich um mich gucken,
ob Mensch und Katzen auf mich lauern.
Ich kann dich wirklich nur bedauern.

Bleib' du nur reich und ohne Sorgen,
wo du das Essen holst für morgen.
Genieß' die Würste und den Speck.
Ich will nach Haus', ich will hier weg.

In meinem Loch am Wiesenrain,
bin ich ganz sicher und allein.
Was ich besonders schätz' vor allem,
mich schrecken keine Mäusefallen
und keine Menschen tun mir weh.
Ich sag' schnell noch ade und geh'.

Stadtmaus: Dann geh' und leb' in Armut weiter.
Ich fühle mich recht froh und heiter.
Ein armes Leben auf dem Lande,
das halte ich für eine Schande.

Sprecher: Die Feldmaus sagte Lebewohl,
die Stadtmaus fraß sich weiter voll.
Inzwischen kam der Herr zurück.
Er sah die Feldmaus nicht, zum Glück,
die g'rade durch die Tür entschlüpfte
und froh in Richtung Heimat hüpfte.

Er sah nur eine Maus beim Fressen.
Die hatte alle Furcht vergessen,
und weil sie satt zum Platzen war,
bemerkte sie nicht die Gefahr.
Ein Stock fuhr durch die Luft – ein Saus'!
Die Maus war tot im Schlemmerhaus.

Und die Moral von der Geschicht':

Zu fettes Essen lohnt sich nicht.
Viel länger lebt der arme Wicht!

Die Stadtmaus und die Feldmaus

Sprecher: Auf einer bunten Blumenwiese in der Nähe einer großen Stadt trafen sich zwei Mäuse, eine Stadtmaus und eine Feldmaus.

Stadtmaus: Ach, guten Tag liebe Feldmaus, wie geht es dir?

Feldmaus: Mir geht es gut, danke. Wohin des Weg's? Sicherlich hast du schon eine weite Strecke zurückgelegt. Vielleicht bist du erschöpft und brauchst eine Erfrischung. Komm' doch mit in mein Mauseloch. Ich lade dich zu einem reichen Feldschmaus ein.

Stadtmaus: Ich wollte nur etwas spazierengehen und mich auf dieser Wiese an den schönen Blumen erfreuen, die in der Stadt immer seltener werden. Du hast recht, der Weg hierher war ganz schön weit, und ich wäre dir für eine kleine Stärkung ganz dankbar.

Sprecher: Und so lief die Stadtmaus der Feldmaus gut gelaunt hinterher. Zuhause angekommen, trug sie ihrem Gast herrliche Früchte auf: Dicke Eicheln, frische Gerste, knackige Nüsse und was es sonst noch so auf dem Feld gibt.

Feldmaus: Hau' tüchtig 'rein und lang' kräftig zu! Es ist genug von allem da. Besonders die Eicheln solltest du probieren. Sie sind ganz lecker.

Stadtmaus: Schnüffelt . . .

Feldmaus: Hast du keinen Hunger, weil du so schnupperst? Die Sachen sind ganz frisch!

Sprecher: Doch die Stadtmaus rümpfte ihre Nase und blickte ganz verächtlich auf den Tisch.

Stadtmaus: Das soll ein reicher Feldschmaus sein? Na gut, du kennst es nicht anders. Komm' doch einmal mit mir, ich werde dir zeigen, was köstliche Speise ist! Davon gibt es für uns beide so reichlich, daß wir uns den Bauch so richtig vollschlagen können.

Sprecher: Zuerst stutzte die Feldmaus. Doch kaum war die Einladung ausgesprochen, huschte sie ihrer neuen Bekannten hinterdrein. Unterwegs trafen sie einen Maulwurf.

Maulwurf: Guten Abend liebe Feldmaus, ihr seid ja noch zu reichlich später Stunde unterwegs. Wohin wollt ihr denn noch?

Feldmaus: Ich wurde in die Stadt eingeladen, dort soll der Tisch mit köstlicher Speise viel reichlicher gedeckt sein als bei uns im Feld.

Maulwurf: Dafür leben wir hier auch viel gesünder. Ich möchte die Speisen nicht einmal ausprobieren. Aber geht nur dorthin, damit ihr nicht eines Tages noch vor Neugierde platzt!

Sprecher: Die Feldmaus verabschiedete sich von dem Maulwurf und machte sich wieder auf den Weg. Es fing schon zu dämmern an, und sie hatte Mühe, hinter der Stadtmaus herzueilen, die mit langen Schritten dahinsprang.

Stadtmaus: Beeile dich, gleich haben wir es geschafft. Dort, wo das Licht brennt, steht unser Haus.

Feldmaus: Das sieht ja herrlich aus! Außerdem läuft mir schon das Wasser im Munde zusammen, wenn ich nur an all die feinen Sachen denke, von denen du mir vorhin erzählt hast.

Sprecher: Ganz abgehetzt kamen nun beide Mäuse in der Vorratskammer des Stadthauses an.

Stadtmaus: Na, kommt dir schon der gute Käsegeruch in die Nase?

Feldmaus: Ich habe einen richtigen Heißhunger darauf. Es riecht ja verführerisch.

Stadtmaus: Nun iß dich richtig satt, nimm von den Sachen so viel du willst. Ich brauche damit nicht zu sparen.

Feldmaus: Du lebst ja hier wie im Paradies! Ich kann schon fast nicht mehr papp sagen, so voll ist mein Magen, aber ich muß immer wieder probieren, denn eines schmeckt besser als das andere.

Sprecher: Während sie so am Schmausen waren, hörte man plötzlich das Tappen von Schritten.

Stadtmaus: Schnell weg von hier, da kommt jemand.

Sprecher: Die Türe öffnete sich, ein Mann kam herein, nahm ein paar Flaschen unter den Arm und verschwand. Die Türe schlug zu.
Beide Mäuse liefen davon. Die Feldmaus rannte in Todesangst an der Wand auf und ab, aber sie fand nicht die kleinste Ritze, in der sie sich verstecken konnte. Die Stadtmaus war sofort verschwunden und in Sicherheit, da sie den Eingang zu ihrem Loch kannte. Sie blieb dort gemütlich sitzen und wartete ab, bis die Gefahr vorüber war. Die Feldmaus rannte unentwegt hin und her. Sie zitterte wie Espenlaub und war ganz weiß im Gesicht.
Nach einiger Zeit kam die Stadtmaus wieder aus ihrem Nest.

Feldmaus: Gott sei Dank, daß ich noch am Leben bin! Beinahe hätte er mich mit seinen riesigen Stiefeln zertreten. Ich sah mich schon plattgedrückt wie ein Blatt Papier.

Stadtmaus: Sicher war es dir angst und bange, aber es ist ja alles gut gegangen, was willst du noch mehr? Denke nicht mehr darüber nach! Schau' dir an, was vor uns auf den Tischen liegt! Greif' wieder tüchtig zu!

Feldmaus: Du hast wirklich leicht reden, du hast ja gewußt, wohin du laufen mußt! Ich aber lief verängstigt in allen Ecken umher. Der Schrecken steckt mir jetzt noch in den Gliedern.

Stadtmaus: Für all diese guten Speisen nehme ich das in Kauf. Das bißchen Angst bin ich gewöhnt.

Feldmaus: Darüber denke ich ganz anders. Ich bleibe lieber ein armes Feldmäuschen und ernähre mich von Feldfrüchten, als daß ich ständig um mein Leben bangen muß. Du bist ja hier keinen Augenblick sicher! Kellermeister, Katze, Mausefallen . . . Stets mußt du um dein Leben rennen. Nein, nein, diese Aufregungen vertrage ich nicht.

Stadtmaus: Mir ist eben ein reich gedeckter Tisch lieber als Körner und Früchte!

Feldmaus: Nein, nein, bleib' du nur hier, es hat mir heute wohl geschmeckt, aber ein mageres Essen in Sicherheit ist mir eben lieber als ein fettes in Angst!

Kulissenentwurf:
Die Feldmaus befindet sich in der Speisekammer der Stadtmaus

Rumpelstilzchen

Sprecher: Es lebte einst ein Müllersmann,
der jeden Tag darüber sann,
des Königs Gunst schnell zu erlangen,
um Ruhm und Ehre einzufangen.

Er traf den König einst beim Ritte
und trat heran mit seiner Bitte,
ein kurzes Wort an ihn zu richten
und sich ihm gänzlich zu verpflichten.

Müller: O, hoher Herr, darf ich es wagen,
ich habe, um es gleich zu sagen,
ein Töchterlein, gar lieb und hold,
die spinnt ganz flugs das Stroh zu Gold.

König: Das ist tatsächlich eine Kunst.
Ich schenke dir deshalb die Gunst:
Bring' deine Tochter mir auf's Schloß
und nimm dazu dies edle Roß!

Müller: Ich dank' euch Herr von ganzem Herzen.
Mein Töchterlein laß' ich mit Schmerzen.
Doch wenn sie sich bei euch bewährt,
wird sie ganz sicher hoch geehrt.

Sprecher: Die Tochter kam in eine Kammer,
die wurde abgesperrt, o Jammer.
Dort lag ein Riesenberg von Stroh.
Sie wurd' des Lebens nicht mehr froh.

König: Nun los, nicht lange nachgesonnen,
flink an das Spinnrad und gesponnen.
Laß' Rad und Haspel tüchtig dreh'n,
gleich morgen werd' ich nach dir seh'n.

Das ganze Stroh mußt du verspinnen,
sonst wirst du nur den Tod gewinnen.
Mach' also schnell und zög're nicht!
Sei fertig, wenn der Tag anbricht!

Sprecher: Der König zog den Schlüssel ab
und ging den Gang zum Saal hinab.
Er sehnte schon den Tag heran,
um bald zu seh'n, was sie getan.

Mädchen: Jetzt sitz' ich hier, ich bin verloren,
vor Angst und Kälte fast erfroren.
Ich weiß nicht aus, ich weiß nicht ein.
Was ist das für 'ne schlimme Pein.

Sprecher: Das Mädchen saß schon viele Stunden,
all ihre Hoffnung war geschwunden.
Da öffnete sich leis' die Tür.
Ein kleines Männchen trat zu ihr.

Männchen: Was habt ihr denn, mein liebes Kind?
Wo fehlt es denn? Sagt mir's geschwind,
denn ich kann Pech zum Glücke wenden,
mach' ich nur schnipp mit meinen Händen.

Mädchen: Ich soll dies' Stroh zu Golde spinnen
und kann die Freiheit nur gewinnen,
wenn ich bis morgen früh um acht
die ganze Arbeit hab' vollbracht.

Dabei weiß ich mir keinen Rat,
denn niemand lehrte mich die Tat.
Die halbe Zeit ist schon geschwunden.
Ich hab' die Lösung nicht gefunden.

Männchen: Sei unbesorgt, ich weiß Bescheid.
Trockne die Tränen mit dem Kleid.
Ich will für dich die Sache tun.
Du kannst dich auf der Bank ausruh'n,
doch soll ich schon das Rädchen dreh'n,
möcht' ich von dir Geschenke seh'n.

Mädchen: Mein Gott, was hab' ich denn bei mir?
Mein Halsband geb' ich dir dafür.
Hier nimm es und fang an zu spinnen
und laß' nicht noch mehr Zeit verrinnen.

Sprecher: Das Männchen griff mit flinker Hand
nach dem Geschenk, dem gold'nen Band.
Das Rädchen drehte sich wie toll,
schon war die erste Spule voll.

So ging es fort und immer weiter.
Des Mädchens Miene wurde heiter,
und als die Sonne früh erschien,
da war das große Werk gedieh'n.

König: Nun, liebes Kind, hast du gesponnen?
Sonst ist dein Lebensglück zerronnen!

Mädchen: Ihr braucht nur in die Kammer seh'n,
vor Glanz wird euch der Blick vergeh'n.
Das Stroh ist weg, verwandelt, fort.
Nur Gold liegt jetzt an diesem Ort.

König: Wenn das so gut und schnell gelang,
dann ist mir weiterhin nicht bang'.
Ihr spinnt noch eine Kammer voll,
denn eu're Kunst ist wirklich toll.

In dieser Kammer liegt noch mehr,
doch sorge dich nicht allzusehr.
Treibe das Rädchen zu mehr Eile,
so wird es gut für beide Teile.

Sprecher: Das Mädchen saß beim zweiten Male
in einem noch viel größ'ren Saale.
Das Stroh reichte an jeder Ecke
bis an die hohe Zimmerdecke.

Mädchen: Jetzt sitz' ich hier, ich bin verloren,
vor Angst und Kälte fast erfroren.
Ich weiß nicht aus, ich weiß nicht ein.
Was ist das für 'ne schlimme Pein.

Sprecher: Und wieder kam bei dem Gejammer,
das kleine Männchen in die Kammer.
Und sofort suchte es sich drinnen
den Platz am Rad, um Gold zu spinnen.

Mädchen: Hilf mir auch dieses zweite Mal.
Befrei' mich von der Müh' und Qual,
den Riesenstrohberg zu verspinnen.
Dafür kannst du den Ring gewinnen.

Männchen: Dies Ringlein klein, dies Ringlein fein,
das soll für mich Belohnung sein.
Ich werde eilen, gleich zu handeln
und dieses Stroh in Gold verwandeln.

Sprecher: Das Rädchen drehte sich mit Fleiß.
Vom Drehen wurde es ganz heiß.
Das Stroh nahm ab, das Gold nahm zu.
Der Riesenberg verschwand im Nu.

Am nächsten Tag stand wie zuvor,
voll Gier der König an dem Tor.
Er freute sich am Golde sehr
und wollte wiederum noch mehr.

König: Das hast du wirklich fein gemacht
und in derselben Zeit vollbracht.
D'rum spinne nun zum letzten Mal
den Strohberg in dem größten Saal.
Dann nehm' ich dich zu meinem Weibe,
und du hast hier im Schloß die Bleibe.

Sprecher: Es war ein riesengroßer Raum.
Wer drinnen stand, den sah man kaum.
Das Mädchen weinte Stund' um Stund'
sich wieder beide Augen wund.
Doch auch bei diesem dritten Mal
erschien das Männchen in dem Saal.

Männchen: Es geht auch diesmal um dein Leben.
Was willst du mir dafür heut' geben?
Fang an, darüber nachzudenken.
Beeil' dich, mir etwas zu schenken!

Mädchen: Was könnte ich dir heute geben?
Ich hab' nichts außer meinem Leben.
Du kannst von mir jetzt nichts mehr erben.
So werd' ich morgen früh wohl sterben.

Männchen: So gib mir doch, sobald sich's find'
dein erstes, neugebor'nes Kind.
Ich werd' es immer gut versorgen,
und du hast neues Gold bis morgen.

Sprecher: Das Mädchen, das um's Leben bangte,
versprach dem Zwerg, was er verlangte.
Es dachte, wenn die Jahr' vergeh'n,
vielleicht werd' ich ihn nie mehr seh'n.

Das Rädchen begann rasch zu schnurren.
Das Männchen setzte ohne Murren
die schwere Arbeit fort bis früh
dann war vorbei die Nacht und Müh'.

Der König sah den Schatz im Zimmer,
den hellen Glanz und das Geflimmer.
Er nahm die Müllerstochter gleich zur Frau,
denn sie war reich, und er war schlau.

Die Hochzeit fand bald statt im Schloß.
Es kamen Ritter hoch zu Roß.
Das Fest dauert' drei Monat' lang
mit gutem Essen, Tanz und Gesang.

Nach einem Jahr, da war die Kunde
vom ersten Kind in aller Munde.
Es war ein strammer, blonder Sohn,
der Erbe für den Königsthron.

Da kam, o übelstes Geschick,
der kleine Zwerg des Nachts zurück.
Die Königin in ihrer Pracht
hatte an ihn nicht mehr gedacht.

Männchen: Ich mahn' dich an die alte Schuld.
Vorbei ist nun meine Geduld.
Ich will das Kind, wie es versprochen,
sonst hast du ja dein Wort gebrochen.

Königin: Ich schenke dir, es ist mir gleich,
all meine Schätze aus dem Reich.
Mein Kind will ich dir nimmer geben,
es ist mir lieb wie's eig'ne Leben.

Männchen: Was soll ich denn mit all den Gaben.
Ich will Lebendiges nur haben.
Totes Zeug hab' ich zu Hauf'.
Ich will dein Kind, ich warte d'rauf!

Königin: Liebes Männchen, laß mir Zeit.
Bring' einer Mutter nicht dies' Leid.
Ich will vor Kummer fast vergeh'n.
Soll ich nie mehr mein Söhnchen seh'n?

Männchen: Na gut, es sei, ich laß mich regen
und mich zu einer Frist bewegen.
Meinen Namen sollst du kennen
und ihn mir in drei Tagen nennen.

Sprecher: Die Königin hat Tag und Nacht
über den Namen nachgedacht.
Sie schickte einen Boten aus,
der forschte nach von Haus zu Haus.
Am nächsten Tag trug sie die vor.
Das kleine Männchen war ganz Ohr.

Königin: Heißt du vielleicht Hinz oder Kunz?
Strupp oder Strapp, Blinz oder Blunz?

Männchen: Kein Name paßt für mich, den Wicht.
Nein, nein, such' fort, so heiß' ich nicht!

Sprecher: Am zweiten Tag suchte sie Namen,
die in der Nachbarschaft vorkamen
und sagte diese bald darauf
dem schadenfrohen Männchen auf.

Königin: Heißt du vielleicht Bauz oder Blitz?
Plim oder Plam, Klunz oder Spitz?

Männchen: Kein Name paßt für mich, den Wicht!
Nein, nein, such' fort, so heiß' ich nicht!

Sprecher: Der Bote kam am dritten Tag
zurück nach arger Müh' und Plag'.
Er brachte nur ein seltsam' Wort
von einem ganz verschwieg'nen Ort,
von einem Männchen, dürr und klein,
das wollte Rumpelstilzchen sein.

Das Männchen kam am letzten Tage
und stellte wieder seine Frage
neugierig an die Königin.
Es hoffte schon auf den Gewinn.

Königin: Heißt du vielleicht Flupp oder Filzchen?
Vielleicht bist du gar Rumpelstilzchen?

Männchen: Wer hat dir dieses Wort geraten,
bestimmt ein schlimmer Teufelsbraten.
Verdammt, verdammt, ich hab' verloren,
nun muß ich in der Hölle schmoren.

Sprecher: Mit einem schrecklichen Geschrei
riß sich das Männchen selbst entzwei
und fuhr in seiner blinden Wut
hinab zur Hölle in die Glut.

Jorinde und Joringel

Sprecher: Mitten im tiefen Wald stand ein altes Schloß. Darin wohnte eine gefährliche Zauberin. Wer sich an dieses Schloß heranwagte, konnte sich bald nicht mehr von der Stelle rühren oder wurde gar von ihr in einen Vogel verzaubert.

Zauberin: Hi, hi, hi, ich bin die Zauberin,
viele Sprüche hab' ich im Sinn,
hoffentlich schleichen sich bald wieder Menschen an,
damit ich mich an meine Arbeit machen kann.

Sprecher: Manchmal dauerte es der Zauberin zu lange, bis sie neue Beute machte, und so verwandelte sie sich einfach selbst. Am Tage machte sie sich zur Katze oder zur Eule, und bei Sonnenaufgang verwandelte sie sich wieder in einen Menschen zurück.
Eines Tages gingen auch Jorinde und Joringel in den tiefen Wald hinein, so tief, daß sie ihren Weg verloren hatten.

Jorinde: Joringel, ich glaube, wir müssen in diese Richtung gehen. Ich habe mir diese hohe Tanne gemerkt, an der wir vorhin vorbeigelaufen sind.

Joringel: Ach liebe Schwester, im Wald gibt es gar viele hohe Tannen! Ich glaube, wir müssen uns etwas mehr rechts halten.

Sprecher: Jorinde und Joringel irrten verängstigt im Walde umher, denn die Sonne war schon am untergehen.

Jorinde: O, wären wir nur nicht vom Wege abgewichen, jetzt müssen wir hier übernachten!

Joringel: Ich habe so großen Hunger, komm mir nach, vielleicht haben wir doch noch Glück, unseren Heimweg zu finden.

Sprecher: Die Geschwister jammerten und klagten. Bald fing Jorinde an zu schluchzen. Doch als sie eine Weile gegangen waren, flüsterte Joringel seiner Schwester zu:

Joringel: Sieh mal, Schwester, guck doch durch dieses Gebüsch hindurch, hier ist ein Schloß ein altes Schloß . . .

Jorinde: Ja, ja, ich sehe es auch, es ist ganz aus Gold! Aber Joringel, wie wird mir plötzlich? Ich fühle mich ganz leicht, ich schwebe . . .

Joringel: Liebe Schwester, ich fühle genau das Gegenteil, meine Füße sind schwer wie Blei. Ich kann mich fast nicht mehr bewegen.

Sprecher: Beide waren in den Zauberkreis der Hexe geraten, und Jorinde wurde in eine Nachtigall verzaubert.

Jorinde: Ziküth, ziküth, ziküth . . .

Sprecher: Als Joringel das bemerkte, flehte er aus tiefstem Herzen:

Joringel: O bitte, gebt mir meine Jorinde wieder! Verwandelt sie zurück!

Sprecher: Aber die Zauberin lachte nur hämisch und kreischte.

Zauberin: Nie wieder soll Jorinde zu dir zurückkehren, nie wieder! Sie ist mein und wird es bleiben! Aber du sollst wieder laufen können.

Sprecher: Sofort berührte die Zauberin ihren Zauberstab und murmelte beschwörend:

Zauberin: Sirre, sorre, sempelsuck,
zirre zorre zarre zurre.
Xamo xento xille xanto,
sisselsam susselsim tschum.
Mach' nun, daß du fortkommst von hier! Ich will dich nicht mehr sehen! Verschwinde!

Sprecher: Und so machte sich Joringel traurig auf den Weg in ein nahegelegenes Dorf. Die ganze Zeit dachte er nur noch an Jorinde.

Joringel: Ich muß versuchen, Jorinde wieder zu befreien. Aber mir will nichts einfallen.

Sprecher: Eines Nachts hatte er einen eigenartigen Traum von einer roten Blume. Irgend jemand flüsterte ihm zu:

Stimme: Pflücke eine rote Blume mit sechs Blütenblättern und berühre die Nachtigall, dann wird Jorinde wieder frei. Die rote Blume hat große Zauberkraft.

Sprecher: Joringel erwachte und erinnerte sich an seinen Traum.

Joringel: Ich muß diese rote Blume suchen und ausprobieren, ob das stimmt, was ich träumte.

Sprecher: Sofort brach er auf, um diese Zauberblume zu finden. Er lief durch Wälder und Felder und suchte, suchte und suchte, bis er die rote Blume mit den sechs Blütenblättern pflücken konnte.

Joringel: Das muß sie sein, diese rote Zauberblume. Hoffentlich geht mein Traum in Erfüllung!

Sprecher: Schnell pflückte er sie und kehrte zu dem alten Schloß zurück. Durch das Gezwitscher der verzauberten Vögel fand er sofort den Weg. Aus weiter Ferne erspähte ihn die Zauberin.

Zauberin: Du kommst zurück, habe ich dir nicht gesagt, daß ich dich hier nicht mehr sehen will? Was fällt dir ein? Warte nur, das wirst du bereuen!

Sprecher: Aber Joringel trug seine Wunderblume in der Hand. Das Gekeife der Zauberin störte ihn wenig.

Zauberin: Komm mit mir, du kleine Nachtigall, ich liebe deinen Vogelschall.

Joringel: Warum willst du diesen Korb wegtragen? Stell' ihn ab, du hinterhältige Gestalt!

Sprecher: Die Zauberin wußte nicht, wie ihr geschah. Joringel stürzte auf sie zu, berührte das Körbchen mit seiner roten Zauberblume, und schon stand Jorinde vor ihm. Sie war so schön wie nie zuvor.

Joringel: Wie bin ich froh, daß ich dich wieder habe, liebe Schwester! Ich habe nicht mehr geglaubt, daß wir uns jemals wiedersehen werden!

Jorinde: Weißt du denn, lieber Bruder, daß alle diese Vögel in den Käfigen verzauberte Menschen sind? Laß uns hingehen und sie auch befreien!

Sprecher: Und Joringel berührte mit seiner Wunderblume alle Käfige im Schloß und entzauberte alle Mädchen und Buben. Dann nahm er Jorinde an der Hand, und sie gingen zufrieden nach Hause.

Joringel mit der Wunderblume

Die Geschichte vom einkehrenden Zwerg

Sprecher: Über dem kleinen Dorf, in dem ein armer, alter Bauer mit seiner Familie wohnte, zog ein Gewitter auf. Dunkle Regenwolken hingen schwer am Himmel.

Bauer: Hörst du den Sturm schon wüten? Gleich wird das Unwetter losgehen!

Bäuerin: Wieder haben wir schlechtes Wetter, was soll das noch werden? Ich sehe schwarz für unsere Ernte.

Bauer: Du hast recht, das Korn kann heuer gar nicht reif werden. Die Sonne fehlt. Der ganze Sommer ist viel zu naß.

Sprecher: Während Bauer und Bäuerin über das Wetter schimpften und klagten, fing es draußen zu donnern an. Der Regen prasselte auf die Dächer, und der Wind pfiff durch die Mauerritzen. Plötzlich klopfte es dreimal an die Türe.

Zwerg: Macht auf, laßt mich bitte hinein, ich bin schon fast durchgeweicht!

Sprecher: Bauer und Bäuerin guckten sich verdutzt an. Schließlich stand der Bauer auf und ging zur Türe, um zu öffnen.

Bauer: Wo kommst du denn bei diesem Wetter her? Was willst du von uns?

Zwerg: Ach, ich bin sehr müde, vielleicht kann ich mich bei euch ein bißchen ausruhen. Ich habe schon bei anderen Leuten hier im Dorf angeklopft, aber alle schickten mich wieder weg.

Bauer: Komm nur herein und setze dich zu uns, du kannst gerne mit uns Abendbrot essen.

Bäuerin: Es ist gleich fertig, ich muß nur noch die Suppe wärmen.

Sprecher: Und so setzte sich der kleine Zwerg an den Tisch zu Bauer und Bäuerin, aß und trank mit ihnen.

Bauer: Hoffentlich wird das Wetter in diesem Sommer noch besser. Ich habe heute meinen letzten Sack Mehl angebrochen.

Bäuerin: Wenn die Ernte wieder vernichtet wird, dann müssen wir elend verhungern.

Zwerg: Macht euch darüber keine Sorgen, ich werd' euch für eu're Gastfreundschaft belohnen!

Sprecher: Kaum war das Unwetter vorübergezogen, stand der Zwerg auf, bedankte sich bei Bauer und Bäuerin und ging hinaus. Die beiden löschten das Licht im Zimmer und legten sich schlafen.
Überall war es totenstill geworden, als der Zwerg im Mondenschein Mehlsack um Mehlsack zu dem Bauern hinschleppte.

Zwerg: O, sind diese Säcke schwer, haben die ein Gewicht. Ich muß mich beeilen, damit ich sie alle noch vor Tagesanbruch hierher schaffen kann.

Sprecher: Nachdem der Zwerg dem Bauern zehn Mehlsäcke an die Haustüre gestellt hatte, verschwand er im Dickicht des Waldes.
Am nächsten Morgen, als der Bauer und die Bäuerin die Türe öffneten, waren sie ganz überrascht.

Bauer: Schau nur her, was vor unserer Türe steht!

Bäuerin: Das ist ja mehr, als wir in einem Jahr verbrauchen können!

Sprecher: Als sich beide so über das Geschenk freuten, sahen sie in der Ferne den Zwerg winken und hörten ihn rufen:

Zwerg: Nehmt alles an, schafft alles hinein, das soll euere Belohnung sein!

Bauer und Bäuerin: Vielen Dank, lieber Zwerg, vielen Dank

Sprecher: Schnell trug der Bauer die Säcke in sein Haus. Beide tanzten nun vor Freude im Zimmer umher, da sie jetzt auch bei schlechter Ernte keine Not mehr zu leiden brauchten –
und wenn sie nicht gestorben sind, dann leben sie heute noch . . .

Die Bremer Stadtmusikanten

Sprecher: Ein Müller hatte einen Esel, der jahrelang fleißig die Mehlsäcke geschleppt hatte. Eines Tages sagte sein Herr:

Müller: Der Esel wird alt, er taugt für nichts mehr. Ich werde ihn morgen an den Metzger verkaufen, dann bekomme ich wenigstens noch ein paar Mark.

Sprecher: Der Esel, der gerade seine Ohren aufgestellt hat, machte sich nachts aus dem Staube. Auf dem Weg nach Bremen, dort wollte er wegen seiner guten Stimme Stadtmusikant werden, traf er einen Hund.

Esel: Was ist denn mit dir los?

Hund: Ach, mir geht es ziemlich dreckig. Mein Herr wollte mich totschlagen, da habe ich Reißaus genommen, aber nun weiß ich nicht mehr weiter und werde wahrscheinlich verhungern müssen.

Esel: Ach was, vergiß die trüben Gedanken und gehe mit mir nach Bremen, vielleicht kannst du auch Stadtmusikant werden. Ich spiele Gitarre, und du kannst die Trommel schlagen, wenn du schon nichts anderes gelernt hast.

Hund: Gut, gut, ich werde es versuchen.

Sprecher: Der Hund nickte und beide zogen weiter. Schon nach kurzer Zeit trafen sie auf eine Katze, die erbärmlich miauend am Straßenrand hockte und ihre Schnurrhaare hängen ließ.

Esel und Hund: Dir scheint es schlecht zu gehen, so wie du aussiehst!

Katze: Ja, ja, ihr habt recht. So ist es, Undank ist der Welt Lohn. Solange ich eine gefürchtete Mäusefängerin war, da war ich angesehen, aber nun, da mir ein Zahn nach dem anderen ausfällt, und die Mäuse mich auslachen, wenn ich hinter ihnen herrenne, da wollte mich meine Herrin ersäufen. Nun weiß ich nicht mehr weiter.

Esel und Hund:	Schließ' dich doch uns an, du verstehst dich doch auf die Nachtmusik. Wir gehen nach Bremen und werden Stadtmusikanten.
Sprecher:	Die Katze überlegte nicht lange und trabte hinter den beiden her. Auf ihrem Weg kamen sie schließlich an einem Bauernhof vorbei. Auf dem Misthaufen stand ein Hahn und krähte fürchterlich.
Esel:	Du schreist ja, als würdest du am Spieß stecken.
Hahn:	Jetzt noch nicht, aber vielleicht morgen. Obwohl meine Wettervorhersage immer richtig war, soll ich morgen um einen Kopf kürzer gemacht werden. Nun schrei' ich eben, so lange ich noch lebe.
Hund:	Du wirst doch hier nicht warten, bis du verspeist wirst. Komm mit uns! Wir brauchen noch einen Musikanten, und wie wir gehört haben, ist deine Stimme nicht die schlechteste.
Sprecher:	Nun marschierten die vier Schicksalsgefährten weiter und kamen am Abend in einen Wald. Dort wollten sie übernachten. Der Hahn, der auf den Wipfel geflogen war, sah plötzlich in der Ferne einen Lichtschein.
Hahn:	Freunde, laßt uns dort hingehen, wo das Licht brennt! Vielleicht finden wir dort etwas zu essen und zu trinken.
Sprecher:	Sobald sie vor dem Haus standen, stellten sie fest, daß es ein Räuberhaus war.
Hund:	Was ist da drinnen los?
Sprecher:	fragte der Hund den Esel, der zum Fenster hineinschaute.
Esel:	Ich sehe feine Speisen auf dem Tisch der Räuber, die es sich gut gehen lassen.
Hahn:	Die haben es gut, und uns fällt bald der Magen vor Hunger heraus. Mir zieht es bereits alle Gedärme zusammen.
Katze:	Überlegen wir doch einmal, wie wir die Räuber vertreiben könnten.

2. Schülerjahrgang

Die Bremer Stadtmusikanten

3. Schülerjahrgang

Sprecher: Sie berieten sich und hatten schließlich eine Idee. Der Hund stellte sich auf den Esel, die Katze auf den Hund, der Hahn auf die Katze. Mit einem Mal fingen sie alle zu musizieren an, ein jeder so laut er nur konnte. Dann stürzten sie sich durch das Fenster hinein auf die Speisen.

Räuber: Hilfe, Hilfe, Gespenster, Hexen, böse Geister, nichts wie fort von hier! Es rette sich wer kann!

Sprecher: Zu Tode erschrocken, stürzten die Räuber in die Dunkelheit und versteckten sich im Wald. Die Tiere fielen wie hungrige Wölfe über die Speisen her. Als sie sich die Bäuche dick und voll gefressen hatten, machten sie das Licht aus, legten sich hin und schnarchten um die Wette. Nachdem alles still war, schickte der Räuberhauptmann einen Räuber zum Haus zurück, der dort nach dem Rechten sehen sollte. Kaum war dieser d'rinnen, zerkratzte ihm die Katze das Gesicht, der Hund biß ihn ins Bein, der Esel verpaßte ihm einen Schlag, daß es ihm ganz schwarz vor Augen wurde, und der Hahn schrie unentwegt: Kikeriki.

Räuber: Au, auah, Hilfe, mein Bein, mein Kopf, laßt mich doch los! Zu Hilfe, so helft mir doch!

Sprecher: In Todesangst stürzte der Räuber aus dem Haus und rannte zu seinen Komplizen, so schnell ihn seine Füße trugen.

Räuber: Wie siehst du nur aus? Wer hat dich denn so entsetzlich zugerichtet?

Räuber: Grausame Gestalten fielen über mich her, ich hatte große Not, mich loszureißen.

Sprecher: Nun wagte sich keiner der Räuber mehr zurück. Den vier Bremer Stadtmusikanten aber gefiel es dort so gut, daß sie darauf verzichteten, nach Bremen weiterzumarschieren. Fortan lebten sie im Wald und gaben abends ihren herrlichen Gesang zum Besten.

Das tapfere Schneiderlein

Sprecher: Ein Schneider saß an einem schönen Morgen auf seinem Tisch und nähte fleißig an einem Anzug. Er war gut aufgelegt, weil ihm die Arbeit so flott von der Hand ging. Er trällerte ein Lied vor sich hin. Auf einmal hörte er eine Stimme. Es war die Stimme einer Bauersfrau auf der Straße.

Bauersfrau: Kauft Leute, kauft, frisches Mus, Obst, Gemüse, spottbillig!

Sprecher: Der Schneider ging zum Fenster und rief:

Schneider: Kommt herauf zu mir, ich kaufe euch etwas ab!

Sprecher: Die Frau stieg keuchend vier Treppen hoch und schimpfte gräßlich, als der Schneider nur einige Gramm der Ware abnahm.
Dieser lief flugs zum Brotschrank, schmierte sich ein Musbrot, legte es auf den Tisch und nähte weiter. Kaum saß er wieder an seinem Platz, da kam schon der erste Musräuber, der zweite, der dritte, der vierte, der fünfte, der sechste, der siebte. Da wurde es dem Schneider zu dumm, er nahm die Patsche, und wumm, schon gab es keine Fliegen auf dem Musbrot mehr! Der Schneider war von seiner Tat so begeistert, daß er sich einen Gürtel stickte, auf dem folgender Spruch stand:
Sieben auf einen Streich!
Dies wollte er jedem sagen und zog deshalb in die Welt hinaus.
Bald traf er auf einen Riesen, der las die Schrift auf dem Gürtel und dachte, er hätte sieben Menschen totgeschlagen.

Riese: Du mußt mir erst beweisen, daß du so kräftig bist! Wir wollen doch einmal sehen, ob du genauso weit werfen kannst wie ich.

Sprecher: Der Riese packte einen Stein und warf ihn hoch in die Luft, daß man ihn fast nicht mehr sehen konnte. Plumps! Als der Schneider das sah, sagte er:

Schneider: Ich kann einen Stein so weit werfen, daß er gar nicht mehr zurückkommt.

Sprecher: Er griff in die Tasche und warf einen Sperling, den er vorher gefangen hatte, in die Höhe. Der Riese sah diesem angeblichen Stein nach, bis er ihn nicht mehr sehen konnte und war ganz verblüfft. Er wollte den Schneider nun noch einmal auf die Probe stellen.

Riese: Ich werde diesen Baum ausreißen, und wir tragen ihn dann gemeinsam fort.

Sprecher: Ratsch, war der Baum draußen, der Schneider setzte sich ins Geäst, und der Riese, der sich nicht umsehen konnte, schleppte den Schneider samt Baum davon. Nachdem er ein Stück die schwere Last getragen hatte, brach er zusammen. Der Schneider aber lief lustig weiter, pfiff ein Lied und rief dem Riesen zu:

Schneider: Wenn ich das nächste Mal wiederkomme, hoffe ich, daß du nicht mehr so schwach wie heute bist.

Sprecher: Bald darauf gelangte der Schneider in ein Königreich. Der König hatte Angst vor Riesen und schickte den Schneider in den Wald, wo zwei Riesen hausten. Wenn er diese tötete, sollte er seine Tochter und das halbe Königreich bekommen. Der Schneider kletterte auf einen Baum bis in den Wipfel hinauf und warf einen Stein auf einen schlafenden Riesen. Dieser richtete sich auf und schrie den anderen an:

1. Riese: Was schlägst du mich?

2. Riese: Ich schlage dich nicht, du träumst wahrscheinlich nur!

Sprecher: Darauf warf der Schneider einen Stein auf den zweiten Riesen.

2. Riese: Verdammt noch 'mal, jetzt hast du mich geschlagen!

1. Riese: Ich weiß von nichts!

Sprecher: Der Schneider setzte sein Spiel so lange fort, bis beide Riesen aufsprangen und sich erschlugen. Der Schneider erhielt jedoch seine Belohnung nicht, sondern sollte noch eine zweite Heldentat vollbringen.

König: Wenn du meine Tochter wirklich zur Gemahlin möchtest, mußt du das Einhorn fangen, das im Wald sein Unwesen treibt.

Schneider: Das soll mir ein Leichtes sein!

Sprecher: Sofort machte sich der Schneider auf in den Wald. Kaum war er dort angekommen, jagte das Einhorn hinter ihm her und wollte ihn aufspießen.

Schneider: Dir werd' ich's zeigen!

Sprecher: Geschwind stellte sich der Schneider hinter einen Baum, als das Einhorn auf ihn zustürmte. So bohrte sich das lange, spitze Horn des Tieres durch den Stamm, und das Einhorn war für immer gefangen. Der Schneider fesselte das Tier, hieb ihm das Horn ab, und brachte es zum König.

Schneider: Hier hast du das Tier, edler König. Jetzt will ich aber endlich die versprochene Belohnung. Ich will deine Tochter auf der Stelle heiraten.

König: O weh, o weh, tu mir das nicht an! Mein liebes Kind willst du, mein Alles!

Sprecher: Der König schluchzte vor Abschiedsschmerz. Schließlich aber beruhigte er sich und sagte:

König: Nun gut, du sollst sie haben und mein halbes Königreich dazu, wie ich es versprochen habe.

Sprecher:	Der Schneider zog nun mit der Königstochter ins Schloß ein, und es wurde eine rauschende Hochzeit gefeiert. Fortan lebte das Paar ruhig und zufrieden, denn der Schneider brauchte keine Heldentaten mehr zu vollbringen.
Chor:	Mit List und Tücke fängt man nicht nur eine Mücke, sondern manchmal auch ein Einhorn und eine Königstochter.

Aus Plastikfolie geschnittene Kopffiguren eines 1. Schülerjahrganges für ein Tischtheater. Hochzeit des tapferen Schneiderleins.

Fuchs und Wolf

Sprecher:	Ein Wolf rannte hungrig durch den Wald, da traf er auf einen Fuchs.
Wolf:	He, Gevatter Reineke, ich habe einen Bärenhunger! Schau, ob du etwas zu fressen findest, oder ich fresse dich gleich auf der Stelle.
Sprecher:	Der Fuchs hatte Angst vor dem stärkeren Wolf und sprach:
Fuchs:	Geduldet euch nur ein Weilchen, ich eile schon!
Sprecher:	Der Fuchs rannte schnell zu einem Bauernhof, entdeckte dort zwei Lämmer, packte eines davon und schleppte es zum Wolf.
Fuchs:	Hier ist deine Mahlzeit, das wird dir wohl reichen.
Sprecher:	Der Wolf stürzte sich auf das Lamm und hatte es mit einigen Bissen verschlungen. Aber er hatte immer noch Hunger.
Wolf:	Das war zu wenig, ich muß selbst losziehen und noch ein zweites Lamm holen.
Sprecher:	Als die Mutter des Lammes den Wolf erblickte, begann sie laut zu blöken.
Mutterschaf:	Mäh, mäh, mäh, der Wolf, der böse Wolf! Kommt herbei Leute, der Wolf ist im Garten!
Sprecher:	Durch das Geschrei stürzte der Bauer herbei und verdrosch den Wolf nach Strich und Faden. Der Wolf kehrte zum Fuchs zurück und sagte:
Wolf:	Du hast mich schön hereingelegt. Als ich das zweite Lamm holen wollte, kam der Bauer und verprügelte mich.
Sprecher:	Am nächsten Tag wollte der Wolf wieder den Fuchs auffressen. Da sagte der Fuchs:
Fuchs:	Warte, ich bringe dir leckere Pfannkuchen aus einem Bauernhaus.

Sprecher:	Wieder rannte er fort, schnappte die Pfannkuchen und legte sie vor den Wolf.
Wolf:	Ah, ah, lecker, lecker, das wird mir schmecken. Pfannkuchen habe ich schon ein ganzes Jahr nicht mehr gefressen.
Sprecher:	Im Nu waren die Pfannkuchen verschluckt.
Wolf:	Das waren für mich noch nicht die letzten!
Sprecher:	Und noch ehe er das sagte, zog er zu dem Bauernhaus los, in dem der Fuchs die Pfannkuchen gestohlen hatte. Er schlich sich dort in die Küche und suchte die Schüssel mit den Pfannkuchen. In der Eile aber stieß er gegen den Tisch, so daß dieser umkippte und alles herabfiel. Klirr, klirr . . .
Bäuerin:	Mann, Mann, schnell, ein Wolf ist in der Küche!
Sprecher:	Sofort war der Bauer zur Stelle und drosch so auf den Wolf ein, daß ihm Hören und Sehen verging. Mit eingeklemmtem Schwanz entwich er heulend durch die Türe ins Freie.
Bauer:	Das wirst du dir ein für allemal hinter die Ohren schreiben, du elender Pfannkuchendieb. Wenn ich dich noch einmal erwische, schlage ich dich tot!
Sprecher:	Blau und grün geschlagen schleppte sich der Wolf zum Fuchs zurück.
Wolf:	Auch diesmal hast du mich schön angeführt. Als ich die Pfannkuchen klauen wollte, wartete der Bauer schon mit dem Prügel.
Sprecher:	Der Wolf war so geschunden, daß er sich kaum noch von der Stelle rühren konnte. So herrschte er den Fuchs an:
Wolf:	Entweder bringst du mir jetzt endlich etwas zu fressen, oder ich fresse dich selbst!
Sprecher:	Der Fuchs besänftigte ihn.
Fuchs:	Ich habe schon etwas ausgekundschaftet. Der Metzgermeister Müller hat frisch geschlachtet, und alles liegt in einem Faß im Keller. Davon will ich dir etwas holen.
Wolf:	Nein, nein, da gehe ich diesmal gleich selbst mit.
Sprecher:	Sie krochen durch ein enges Kellerfenster, und der Wolf fiel über das Fleisch her.
Wolf:	Potzblitz, das ist ja ein Fressen fast wie bei einem Geburtstag! Ich gehe nicht eher fort, als bis das ganze Faß in meinem Bauch ist.
Sprecher:	Der Fuchs sprang inzwischen immer wieder durch das Kellerfenster hin und her.
Wolf:	Was soll dieser Unsinn?
Fuchs:	Ich passe nur auf, damit uns der Metzgermeister nicht überrascht!
Wolf:	Gut, gut, mein Freund,
Sprecher:	meinte der Wolf und verschlang den letzten Brocken. Das dauernde Herumhüpfen des Fuchses hatte der Metzger gehört.
Metzger:	Was ist denn in meinem Keller los? Ich sehe lieber einmal nach, vielleicht sind es Diebe?
Sprecher:	Der Fuchs hörte die Schritte des Mannes und sprang schnell zum Fenster hinaus..
Fuchs:	Schnell, schnell, beeilt euch, macht, daß ihr herauskommt. Der Metzger ist bereits auf der Kellertreppe!
Sprecher:	Aber es war zu spät. Der Wolf blieb im Kellerloch stecken, und der Metzger schlug ihn tot. Der Fuchs vollführte einen Freudentanz, weil er nun den unersättlichen Nimmersatt loshatte.

Die Wichtelmänner

Sprecher: In einem kleinen Häuschen nahe am Waldrand lebte ein armer Schuster.

Schuster: Bisher konnte ich noch immer genug Geld verdienen, um gut zu leben, aber es scheint so, als ob sich das künftig ändern würde. Die Zeiten werden immer schlechter.

Peter: Guten Morgen, Herr Schuster!

Schuster: Ach guten Morgen, Peter! Wie geht es so bei euch zu Hause?

Peter: Danke, gut. Vater ist nun auch wieder gesund und ging heute den ersten Tag zur Arbeit.

Schuster: Deine Mutter läßt sich auch kaum mehr sehen.

Peter: Die hat im Hause alle Hände voll zu tun

Schuster: Und was gibt's zu reparieren?

Peter: Die Wanderstiefel meines Vaters brauchen neue Sohlen, die Absätze sind auch ganz schief gelaufen, und die Naht ist etwas aufgeplatzt.

Schuster: Ist recht. Bis übermorgen mache ich sie fertig.

Peter: Auf Wiedersehen!

Schuster: Behüt' dich Gott!

Schuster (murmelnd): Vielleicht sind das schon die letzten Schuhe, die ich je besohlen kann. Das Leder geht mir aus, und ich habe kein Geld mehr, um neues zu kaufen.

Frau: Was wird noch aus uns werden?

Sprecher: Der Tag verging, ohne daß ein Kunde erschien. Niemand trat in die Schusterwerkstatt. Gegen Abend schnitt der Schuster sein restliches Leder für die Wanderstiefel zu, zog sich aus und legte sich nieder.

Schuster: Gute Nacht, liebe Frau, sorge dich nicht, Gott wird uns sicher helfen.

Frau: Gute Nacht, schlaf' gut und mach' dir keine Gedanken. Irgendwie werden wir es schon schaffen.

Sprecher: Beide schliefen ein. Doch dann geschah etwas Seltsames.

Wichtelmänner:
Hi, hi, ha, ha, hi, hi, ha, ha,
wir helfen gern, wir sind jetzt da.
Schnell, fädelt alle Nadeln ein,
am Morgen soll'n wir fertig sein.

Sprecher: Die kleinen Männchen setzten sich rasch auf den Boden, auf Tisch und Stuhl, nahmen die Ahle des Schusters, nähten und besohlten die Wanderstiefel für Peters Vater.
Nachdem sie fertig waren, huschten sie, so lautlos wie sie gekommen waren, wieder davon.

Wichtelmänner:
Es dämmert schon, der Tag bricht an,
die schwere Arbeit ist getan.
Husch, husch, schnell sind wir alle weg
und bleiben tags in dem Versteck.

Wir machen uns're Arbeit leis',
doch flink, dabei wird uns ganz heiß.
Wir räumen jede Werkstatt auf,
auf uns're Spur kommt niemand d'rauf.

Schuster: Ich höre schon die Glocken läuten. Komm wir stehen auf.

Frau: Guten Morgen! Ich bin gespannt, was dieser Tag uns bringen wird!

Sprecher: Mann und Frau standen auf, wuschen sich und zogen sich an.

Schuster: Ja, sehe ich denn recht. Wie ist denn das möglich? Gestern abend habe ich mein letztes Leder für diese Wanderstiefel zugeschnitten, und jetzt sind sie schon fertig! Besohlt, genäht und geputzt!

Frau: Das kann nicht sein, das geht ja nicht mit rechten Dingen zu!

Schuster: Komm nur her und schau sie dir an!

Frau: Tatsächlich, o Wunder!

Sprecher: Am nächsten Tag ging Peters Vater selbst zum Schuster, um seine Schuhe abzuholen.

Vater: Grüß Gott, Herr Schuster! Was machen die Geschäfte?

Schuster: Grüß Gott, sie dürften besser gehen!

Vater: Ja, ja, ich weiß, die Leute sparen an allem, mehr denn je.

Schuster: Sie möchten ihre Wanderstiefel abholen.

Vater: O, sind die aber schön geworden! Die sehen ja direkt wie neu aus! So eine saubere Arbeit. Die werde ich ihnen gut bezahlen.

Sprecher: Der Vater gab dem Schuster reichlich Geld für seine reparierten Schuhe, verabschiedete sich und ging nach Hause.

Schuster: Das ist mir auch noch nie passiert. Peters Vater hat mehr bezahlt als ich verlangte!

Frau: Sei froh. Jetzt kannst du wieder neues Leder kaufen.

Schuster und Frau: Wenn wir nur wüßten, wer uns da geholfen hat!

Sprecher: Nun kaufte der Schuster so viel Leder, daß er sogar ganz neue Schuhe machen konnte. Wieder schnitt er es bereits abends für den nächsten Tag zu. Als er und seine Frau schliefen, kamen die kleinen Männchen wie nachts zuvor herbeigeeilt.

Wichtelmänner:
Hi, hi, ha, ha, hi, hi, ha, ha,
nun sind wir wieder pünktlich da.
Schaut euch 'mal um, wo Arbeit steht,
rasch zugefaßt, die Zeit vergeht!

Sprecher: Sofort machten sich auch diesmal die kleinen Wichtelgeister an ihre Arbeit, klopften, leimten, nähten und stopften die ganze Nacht hindurch. Am nächsten Tag waren zwei Paar Schuhe fix und fertig.

Schuster: Stell' dir vor, das Material, das ich gestern für meine heutige Arbeit zuschnitt, ist bereits verarbeitet!

Frau: Das ist ja nicht zu glauben! Vielleicht geht es doch aufwärts mit unserem Geschäft!

Sprecher: Peters Vater erzählte den Leuten im Dorf von dem fleißigen und ordentlichen Schuster, so daß viele Kunden zu ihm kamen und Schuhe kauften. Manche zahlten sogar mehr als das Paar Schuhe kostete. Jede Nacht stellten die Wichtelmänner neue Schuhe her, so lange, bis der Schuster wieder gut von seinen Einnahmen leben konnte.

Schuster: Wer hilft uns denn da so? Was glaubst du?

Frau: Ich hätte eine Idee, wie wir das herausbringen könnten. Wir verstecken uns heute Nacht hinter Schränken und unter Decken und lassen ein Licht brennen. Dann können wir die Helfer sicher sehen.

Schuster: Das ist eine gute Idee. Damit bin ich einverstanden.

Sprecher: Und so taten sie es auch. Doch mußten sie bis Mitternacht warten, bis sich endlich etwas rührte.

Wichtelmänner:
Hi, hi, ha, ha, hi, hi, ha, ha,
warum brennt heut' ein Lichtlein da?
Will man uns vielleicht fleißig sehen?
So werden wir nie mehr hergehen!

Wir machen noch die letzten Schuhe,
dann hat der Schuster vor uns Ruhe.
Nur heimlich dürfen wir stets schaffen,
wir wollen keine Leut', die gaffen.

Sprecher: So war es das letzte Mal, daß die Männchen zum Schuster kamen und halfen.
Von einem Tag auf den anderen wartete der Schuster auf die Wichtelmänner, doch als sie auch nach Wochen nicht mehr erschienen waren, fand er sich damit ab und arbeitete wieder wie früher.
Diesen Preis mußte das Schusterehepaar für seine Neugierde bezahlen.

Kulissenbild
Hänsel und Gretel träumen. Schneidearbeit eines 7. Schülerjahrganges. Die Freiflächen können mit farbigem Transparentpapier hinterklebt werden.

Fabeln

Der Hase und der Fuchs

Sprecher: Es war dicker Winter. Väterchen Frost hatte den Boden steinhart gefrieren lassen, und Frau Holle schüttelte täglich stundenlang ihre Betten aus. In der Stadt holten die Buben und Mädchen ihre Schlitten aus dem Keller und freuten sich aufs Rodeln und Schneeballwerfen. Draußen vor der Stadt litten die Tiere große Not. Auf der Suche nach etwas Nahrung trafen sich ein Hase und ein Fuchs.

Hase: Wunderschönen guten Tag, Meister Reineke!

Fuchs: Tag, Tag, Tag, Meister Lampe! Wohin des Wegs bei so hungrigen Zeiten?

Hase: Zu einem Gemüsegarten, vielleicht liegen dort noch einige Kohlblätter oder Mohrrüben herum. Ich habe so einen Hunger, daß ich am liebsten meine eigenen Löffel fressen würde, wenn ich sie nur ins Maul stecken könnte.

Fuchs: Ja, ja, auch mir ist der Magen schon ganz zusammengeschrumpft.

Sprecher: So schleppten sie sich dahin, und jeder erschrak, wenn der Magen des anderen wie ein hungriger Löwe knurrte. Plötzlich sagte der Hase:

Hase: Sieh, dort in der Ferne läuft doch ein Bauernmädchen. Sie trägt einen Korb mit sich. Moment, der Wind bläst günstig. Ich werde meine Nase einmal in den Wind halten.

Sprecher: Der Hase setzte sich auf seine Hinterpfoten und streckte die Nase in die Luft.

Hase: Hmm, ich rieche frische Semmeln. Die müßten wir erwischen, dann bräuchten wir nicht mehr mit leerem Magen herumzulaufen.

Fuchs: Ja, da stimme ich dir zu. Das wäre in dieser trüben Zeit ein wahrer Leckerbissen.

Sprecher: Beiden lief schon das Wasser im Munde zusammen, wenn sie nur an die duftenden Semmeln dachten. Angestrengt grübelten sie darüber nach, wie sie an den Semmelkorb gelangen könnten.

Sprecher: Plötzlich sprang der Fuchs hoch und rief begeistert:

Fuchs: Ich hab's, ich hab's. Leg' dich in den Weg des Mädchens und stelle dich mausetot. Das Mädchen wird – neugierig wie alle Mädchen sind – dich packen und aufheben wollen, um dir zu Hause dein warmes Fell über die Ohren zu ziehen. Ich verstecke mich ganz in der Nähe hinter der Schneewehe. Wenn das Mädchen seinen Korb abstellt, springe ich darauf zu und renne damit davon.

Sprecher: Gesagt, getan. Der Hase legte sich der Länge nach in den Schnee und streckte alle Viere von sich. Das Mädchen eilte tatsächlich schnell und neugierig herbei und stellte den Korb achtlos neben sich hin. Da stürzte der Fuchs pfeilschnell auf den Korb, nahm den Henkel zwischen seine scharfen Zähne und rannte davon, so schnell ihn seine Läufe nur trugen. Bald sah man nur noch eine spitze Rute im tiefen Wald verschwinden. Im selben Augenblick wurde der Hase wieder lebendig, entwischte den Händen, die ihn gerade greifen wollten, hetzte hinter seinem Kumpanen her und freute sich, daß die List geklappt hatte. Aber der Fuchs machte keine Anstalten, stehenzubleiben und auf ihn zu warten, um mit ihm die Beute zu teilen. Der Hase war darüber sehr erbost und schrie:

Hase: Du bist mir ein sauberer Freund! Habe ich dir nicht geholfen, die Semmeln überhaupt zu erbeuten? Das ist also der Dank für meine Hilfe!

Sprecher: So beschwerte sich der Hase, während er keuchend neben dem Fuchs herlief, immer noch hoffend, vielleicht doch etwas zwischen die Zähne zu bekommen. Inzwischen waren sie an einem Teich angekommen. Da sprach der Hase zum Fuchs:

Hase: Schau, dort ist ein Teich, in dem bestimmt einige Fische herumschwimmen. Könnten wir uns einige Fische angeln, dann hätten wir Fischbrötchen. Du hast doch einen langen Schwanz. Hänge ihn als Angelrute durch ein Eisloch! Du brauchst dann nur noch zu warten, bis einer anbeißt! Paß aber gut auf, daß das Loch nicht zufriert!

Sprecher: Der Fuchs runzelte zuerst die Stirn, fand aber den Vorschlag gut, hackte ein Loch in die Eisdecke des Teiches und hängte seine buschige Rute in das eisige Wasser. Den Semmelkorb stellte er vor sich hin.

Hase: Na, hat schon einer angebissen?

Fuchs: Nein, störe mich jetzt nicht bei dieser wichtigen Sache.

Hase: Ich glaube, jetzt hat einer angebissen!

Sprecher: rief der Hase und rannte zu der Stelle, an der der Fuchs saß. Da bemerkte er, daß der Schwanz bereits festgefroren war. Seelenruhig griff sich der Hase nun den Semmelkorb und fraß vor den Augen des Fuchses laut schmatzend die knackigen Semmeln. Der Fuchs bemerkte sein Mißgeschick und heulte vor Wut und Kälte.

Fuchs: Das zahle ich dir heim, wenn ich dich erwische, du gemeiner Kerl. Du hast gewußt, daß das Eis zufriert!

Sprecher: Der Hase ließ sich durch das Wutgeschrei des Fuchses nicht beirren und fuhr fort, eine Semmel nach der anderen genüßlich und mit lautem Schmatzen und Zungenlecken vor seinen Augen zu verschlingen.

Hase: Natürlich habe ich es gewußt. Ich habe dich ja sogar gewarnt, aber deine Gier ist ja ungeheuer. Jetzt sitzt du hier fest, bis im nächsten Frühjahr das Eis wieder schmilzt und kannst in aller Ruhe über dein Verhalten von vorhin nachdenken. Wir beiden sehen uns sowieso nie mehr.

Sprecher: Damit bewahrheitet sich das Sprichwort: Wer anderen eine Grube gräbt, fällt selbst hinein.

Löwe und Maus

Sprecher: Eines Tages schlief ein Löwe ganz tief im Schatten von Bäumen.
Plötzlich huschte ein Mäuschen versehentlich über seine Tatzen.
Davon erwachte das Raubtier. Es schlug mit seiner Pranke nach der Maus, um sie zu töten. Der Maus wurde es angst und bange. Sie sah die riesige Pranke und schrie in Todesangst:

Maus: Großer Herrscher, töte mich nicht, was hättest du davon? Ich bin doch nur ein kleiner Bissen für dich. Das macht dich nicht satt!

Sprecher: Ringsherum war es ganz still, es rührte sich kein Blatt am Baum, und alle Tiere lagen in tiefem Mittagsschlaf. Fieberhaft dachte die Maus nach, wer ihr wohl helfen könnte. Da kam ihr plötzlich ein rettender Einfall. Sie sagte zum Löwen:

Maus: Man kann nie wissen, was einem im Leben alles so zustößt, auch ein starkes Tier wie du könnte vielleicht einmal in eine Notlage geraten. Vielleicht könnte ich dir dann einen guten Dienst erweisen. Also laß mich lieber am Leben!

Sprecher: Zuerst spitzte der Löwe nur ein Ohr und schaute verdrießlich, dann hob er langsam den Kopf, spitzte sein zweites Ohr und schüttelte die Mähne. Schließlich riß er seinen Rachen auf und brüllte los:

Löwe: Ho, hooo, hoooo, du kleiner Wurm willst mir, dem König der Tiere, so etwas vorschlagen? Mich kann keiner überwinden, was brauch' ich dann jemals deine Hilfe? Aber nun gut, ich finde deinen Vorschlag wenigstens lustig. Und weil ich gestern erst einen fetten Hammel gefressen habe, laß ich dich heute laufen. Daß du mich aber nie mehr in meiner guten Mittagsruhe störst!

Sprecher: Kaum hatte die Maus die Worte des Löwen gehört, hüpfte sie über die Pranke in die Freiheit und sauste so schnell sie nur konnte in ihr Mauseloch.
Nachdem sich die Maus von ihrem Schrecken und schnellen Lauf erholt hatte, mußte sie natürlich – geschwätzig, wie Mäuse eben sind – den anderen Tieren gleich von ihrem gefährlichen Erlebnis berichten.

Tiere: Was war denn los, warum bist du denn so aufgeregt, kleine Maus?

Maus: Ich habe etwas Fürchterliches erlebt. Aus Versehen bin ich dem großen Löwen über die Tatzen gelaufen und habe ihn aus seinem Mittagsschlaf geweckt. Da wollte er mich sogleich auffressen. Dem Himmel sei Dank, denn im letzten Augenblick hatte ich noch eine gute Idee. Aber das ist eine lange Geschichte . . .

Sprecher: und die Maus erzählte, erzählte und erzählte . . . Als alles gesagt war, verabschiedeten sich ihre Freunde.

Uhu: Huch, ich habe jetzt noch eine Gänsehaut, wenn ich daran denke!

Eichhörnchen: Prrr, mir ist ganz übel vor Aufregung!

Schlange: Sssss . . .

Sprecher: Einige Tage später zog ein Jäger im Wald herum, schoß wild um sich her, tötete viele Tiere und legte Fangnetze aus. Der Löwe befand sich wie immer auf seinem Mittagsspaziergang und dachte an nichts Böses. Plötzlich fiel ein Fangnetz auf ihn herab. Sofort versuchte er, sich mit allen Kräften von den Stricken zu befreien. Doch je mehr er wütete, um so ärger verstrickte er sich in den Maschen. Schließlich konnte er sich kaum noch rühren.

Löwe: Hilfe, Hilfe, ich bin gefangen, rettet mich vor dem Jäger!

Sprecher: Hatte der Löwe zuerst vor Wut gebrüllt, daß der Wald erzitterte, jetzt hörte man aus seiner Stimme auch die Angst. Die Tiere des Waldes eilten neugierig herbei.

Tiere: Woll'n wir unser Leben wagen, woll'n wir diesen Löwen retten?

Sprecher: Sie sahen wohl seine Notlage, aber keines von ihnen half ihm, denn niemand wollte ihm helfen.

Löwe: Helft mir doch, helft mir doch! Kann mir denn wirklich keiner helfen?

Sprecher: Sein verzweifeltes Gebrüll hörte auch die kleine Maus. Sie spitzte aus ihrem Loch heraus und huschte dann in die Richtung, aus der die Hilfeschreie kamen. Kurze Zeit später stand sie vor dem gefangenen Löwen. Er erblickte sie sofort.

Löwe: Hilf mir doch du, wenn mir schon niemand helfen will. Erinnerst du dich noch an dein Versprechen, das du mir gegeben hast? Ich bitte dich, laß dir etwas einfallen, wie du mich befreien kannst.

Sprecher: Die Maus sah das Netz und wußte sofort, was sie zu tun hatte, aber sie tat es nicht sogleich.

Maus: Ich weiß schon, ich weiß schon. Ich laß mir jetzt ein bißchen Zeit, der Löwe soll ruhig etwas schmoren. Was er mir neulich doch für einen Schrecken eingejagt hat! Ich fange gleich wieder an zu zittern, wenn ich daran denke.

Sprecher: Der Löwe sah, daß die Maus noch untätig herumstand.

Löwe: So tu' doch endlich etwas, es geht doch um Minuten! Der Jäger hat mein Gebrüll sicher schon gehört und ist mit der Flinte unterwegs.

Sprecher: Erst jetzt begann die Maus dem Löwen zu helfen. In Windeseile nagte sie das Netz soweit durch, daß sich der Löwe befreien konnte. Erleichtert bedankte sich der König der Tiere bei der winzigen Maus, und dann machte er sich schnell aus dem Staub, damit ihn der Jäger nicht doch noch erwischte.

Tiere: Sind deine Freunde auch sehr klein,
sie können dir oft nützlich sein!

Die beiden Ziegen

Sprecher: Es waren einmal zwei Ziegenböcke. Der eine war weiß und der andere war schwarz. Beide lebten hoch oben im Gebirge und verbrachten den ganzen Tag meistens auf den saftigen Bergwiesen. Der weiße fraß gerade eine Butterblume nach der anderen.

Weißer Ziegenbock: Jetzt fresse ich noch eine Glockenblume, und was fresse ich dann? Vielleicht ein Vergißmeinnicht oder eine Lichtnelke? Und was steht dort? Da gibt es ja, hm, hm, noch ein Alpenveilchen.

Sprecher: So fraß sich der weiße Ziegenbock durch die Almwiese, bis er alle leckeren Kräutlein abgebissen hatte. Der schwarze Ziegenbock lag unterdessen faul im Schatten eines Baumes und wollte gemütlich ein Stündchen schlafen. Aber er wurde heute ständig gestört.

Stechfliege: Den Ziegenbock, den Ziegenbock, den stech' ich in den woll'nen Rock.

Maus: Den Ziegenbock, den losen, den zwick' ich in die woll'nen Hosen.

Laus: Ich bin die dicke Ziegenlaus und kenne mich bei Ziegen aus. Ich reiß' dem Bock die Haare 'raus.

Sprecher: Unwillig schüttelte der schwarze Ziegenbock seinen Kopf, sprang plötzlich wie wild auf der Wiese umher und schrie:

Schwarzer Ziegenbock: Zum Donnerwetter, kann man denn nicht ein Viertelstündchen schlafen?

Sprecher: Dabei jagte er wie wild hinter Fliege, Laus und Maus her. Als er diese nicht erwischte, hatte er es schließlich satt und trollte sich nach Hause. Außerdem war es schon spät am Nachmittag. Er sprang über einen Felsen und fraß noch hier und da ein Kräutlein, bis er an einen reißenden Gebirgsbach kam. Zur selben Zeit brach auch der weiße Ziegenbock nach Hause auf, und auch er kam an den Gebirgsbach. Beide suchten nach einem Übergang, denn jeder wollte auf die andere Seite. Schließlich gelangten sie beide an eine einzige Stelle, wo ein schmaler Steg ans andere Ufer führte. Jeder hatte bereits seine Vorderfüße auf den Steg gestellt. Da schrie der weiße Ziegenbock:

Weißer Ziegenbock: Mach' Platz, du schwarzer Hammel, damit ich auf die andere Seite kann. Ich bin hundemüde und möchte heim.

Schwarzer Ziegenbock: Was bildest du dir denn ein? Wasch' dir doch erst einmal deinen grauen Pelz richtig sauber, bevor du mit mir sprichst! Geh' mir schnellstens aus dem Weg, sonst bekommst du meine Hörner zu spüren!

Sprecher: Aber der weiße Bock ließ sich nicht einschüchtern, und beide marschierten bis zur Mitte des Steges. Dort blieben sie stehen und stierten sich lange an. Auf einmal sprangen beide aufeinander zu, und es begann ein wilder Kampf. Der Steg wackelte und bebte.

Weißer Ziegenbock: Dir zeige ich's! Du wirst dein ganzes Leben an mich denken!

Schwarzer Ziegenbock: Hier hast du eine und noch eine mit dem Vorderhuf. Wenn du willst, kannst du auch noch eine mit dem Hinterhuf bekommen!

Weißer Ziegenbock: Komm nur her, du spürst wohl deine alten Knochen schon?

Sprecher: Auf einmal gab es einen furchtbaren Krach, und der Steg brach in der Mitte auseinander. Die beiden Streithammel stürzten kopfüber in den reißenden Gebirgsbach. Als sie schließlich nach dem eiskalten Wasserbad wieder ans andere Ufer kletterten, hatte sich ihre Wut merklich abgekühlt, und der weiße Ziegenbock sagte zu dem schwarzen:

Weißer Ziegenbock: Ich möchte mich bei dir entschuldigen, weil ich so stur war.

Schwarzer Ziegenbock: Schon vergessen, ich habe mich auch dumm benommen. Vielleicht kommst du morgen auf meine Bergwiese. Ich lade dich zum Nachmittagsblumenklatsch ein.

Sprecher: Von diesem Zeitpunkt an vertrugen sich die beiden Hammel und wurden nie mehr zu Streithammeln.
Die anderen Tiere, die das Geschehen beobachtet hatten, sagten:

Maus: Die Hammel, die Hammel, die hatten beide Bammel.

Laus: Der Steg, der Steg, der ist nun weg.

Fliege: Ich bin sehr froh, ich bin 'ne Fliege und keine dumme, sture Ziege.

Erbitterter Kampf der Ziegenböcke auf dem Steg.

Katze und Fuchs

Sprecher: Der Himmel war blau, die Sonne brannte herunter, und die Tiere des Waldes suchten Schatten unter den Bäumen. Käfer surrten umher, und Schnaken tanzten in der schwülen Luft.

Marienkäfer: Was suchst du hier bei uns im Wald, du alter Bartlecker? Was führt dich her?

Katze: Nur nicht so unfreundlich zu fremden Gesichtern. Aber von euch im Wald kann man wohl nichts anderes erwarten.

Marienkäfer: Sicherlich bist du auf Mäusefang aus, das bringt nur Störung in unser ruhiges Leben. Mach', daß du fortkommst!

Katze: So etwas ist mir noch nicht vorgekommen.

Eule: Ei, was suchst du denn hier an diesem heißen Sommertag? Du scheinst dich verlaufen zu haben.

Katze: Von dir, liebe Eule, hätte ich nettere Töne erwartet!

Eule: Der Beutefang ist schwieriger geworden, und man muß für jeden Brösel dankbar sein, meine Liebe! Ich sehe es dir schon an, daß du auf Mäuseschnitzel aus bist!

Katze: Schon gut. Ich gehe gleich, dann hast du alles für dich allein.

Sprecher: Die Katze machte sich nun auf den Weg, streifte durch hohes Gras und wollte zu ihrem Hof zurückschleichen. Doch unterwegs begegnete ihr Meister Reineke.

Katze: Guten Tag, guten Tag lieber Fuchs! Welche Ehre, lange haben wir uns nicht gesehen. Ich dachte schon, du hast dir einen anderen Platz gesucht. Wie geht es denn so?

Fuchs: Tja, tja, Grüß Gott!
Du hast es gerade nötig, zu fragen wie es mir geht, du dummes, tolpatschiges, ausgezehrtes Ding! Das ist denn doch die Höhe!

Katze: Heute habe ich überall Pech. Wen ich auch treffe, jeder hat nur an mir herumzunörgeln. Ich glaube, ich bin in die verkehrte Richtung gelaufen oder mit dem falschen Fuß aufgestanden.

Fuchs: Meine Kameraden haben recht, was kommst du auch hierher, um unsere Ruhe zu stören, du alter Bartputzer!
Wahrscheinlich hast du in deinem Leben noch nichts anderes gelernt, als nur Unfrieden zu stiften!

Katze: O nein, im Gegenteil. Da sieht man's wieder, wie wenig du mich kennst!

Fuchs: Was will denn so eine törichte Katze wie du auch schon können? Gerade noch, daß du den Mäusefang beherrschst, aber weiter wird's nicht reichen!

Katze: Daß du so eingebildet bist, hätte ich nicht von dir gedacht! Ich bin richtig entsetzt!

Fuchs: Na, dann sag' schon, was du außerdem noch kannst. Ich freue mich auf die Belustigung.

Katze: Ich kann auf den Baum klettern, wenn Hunde hinter mir her sind, und so mein Leben retten.

Fuchs: Na und, das ist wohl alles? Da kann ich aber weitaus mehr als du! Ich kenne über hundert Kunststücke und weiß, wenn es brenzlig wird, zu guter Letzt immer noch einen Ausweg. Man nennt mich nicht umsonst den listigen Fuchs!
Du dauerst mich, ich will dir gleich einmal etwas Unterricht geben, wie man sich vor Hunden schützt!

Sprecher: In der Ferne bellten Hunde.

Katze: Paß auf, schlauer Fuchs, bald wird ein Jäger kommen, die Hunde habe ich bereits gehört. Dann kannst du mir deine List vorführen.

Sprecher: Als der Jäger mit seinen Hunden vorüberging, sprang die Katze sofort auf den Baum und versteckte sich im Geäst. Der Fuchs aber wurde gleich von den Hunden angefallen. Sie packten ihn, beutelten ihn und rupften sein Fell, daß ihm Hören und Sehen verging.

Katze: Du hast mir doch zeigen wollen, wie gut du dich vor Hunden retten kannst! Los, mach' schon, ehe es zu spät ist! Zeige mir, wie du dich aus der Klemme ziehst! Führe doch ein Kunststück vor, mach' dich unsichtbar, flieg' doch fort oder verkleide dich als Löwe!

Fuchs: Du hast leicht reden, hilf mir lieber! Du kannst dann von mir alles haben, was du willst!

Katze: Da sieht man's wieder. Du hast das Maul vorhin zu voll genommen, so mußte es ja kommen. Jetzt willst du von mir Hilfe haben. Daß ich nicht lache! Du bist doch der große Künstler, der, der alle Künste beherrscht. Also hilf dir ruhig selbst.

Sprecher: Die Katze blieb auf dem Baum sitzen und sah gelassen zu, wie die Hunde den Fuchs so zurichteten, daß er davon wochenlang genug hatte.
Als die Gefahr vorüber war, stieg die Katze vom Baum herunter und ging gemächlich nach Hause.

Schwänke

Vorspiel

Spiegel:	Ich bin ein Spiegel rund und klein. Ich möchte euch ein Spiegel sein. Doch wer sich sieht in meinem Glas, dem dreh' ich manchmal eine Nas'.
Eule:	Ich bin nur eine kleine Eule und sitze nicht auf einer Säule, denn ich gehör' zu diesem Spiegel. Wer das nicht glaubt, dem setzt es Prügel.
Eule und Spiegel:	Wir beide haben einen Herrn. Er kennt uns gut, wir seh'n ihn gern. Sein Name lautet kurz: der Till. Dies Wort sagt dir bestimmt nicht viel, doch wirst du ihn bald besser kennen, wenn wir dir seine Taten nennen.
	Nun schließt den Mund, sperrt auf das Ohr, 'nen tollen Streich stell'n wir jetzt vor.

Till Eulenspiegel
4. Schülerjahrgang

Wie Till Eulenspiegel auf dem Seil tanzte

Sprecher: Noch war Till ein kleiner Junge,
als er schon die freche Zunge
lang nach allen Leuten streckte
und die Braven oft erschreckte,
aber auch die Bösen neckte.

Till nahm alle auf das Korn,
bis sie bald in wildem Zorn,
vor des Vaters Haus erschienen
und mit bitterbösen Mienen
Prügel wollten für den Sohn.
Der erhielt meist diesen Lohn.

Doch den Till konnt' das nicht schrecken.
Er fuhrt fort, die Leut' zu necken
bis zu seines Vaters Tod.
Die Mutter hatte große Not
mit dem Till, dem Lausebengel,
denn sie hörte nur Gequengel.

Deshalb zog sie schnellstens fort
in den früh'ren Heimatort.

Till war bald ein junger Mann,
der immer noch auf Unsinn sann.
Er hatte niemals Langeweile.
Die Zeit verbracht' er auf dem Seile
in einer großen Bodenkammer,
sehr zu seiner Mutter Jammer.
Täglich übte er besessen,
konnt' sich bald mit Künstlern messen.

Eines Tages, unter Mühen,
begann der Till, ein Seil zu ziehen,
von einem Ufer zu dem ander'n,
um über einen Fluß zu wandern,
in der Luft, am Wäscheseil.

Doch das wurd' ihm nicht zuteil.
Denn als Mutter das erfuhr,
schnitt sie durch die dicke Schnur
mit dem langen Küchenmesser.

Till fiel – plumps – in das Gewässer.
Viele hatten zugeschaut.
Till war naß bis auf die Haut.
Wütend kroch der Schalk ans Ufer,
droht' im Stillen manchem Rufer:

Till: Wartet nur, ich zahl's euch heim,
es muß ja nicht schon heute sein!

Sprecher: Am nächsten Tag in aller Frühe,
macht' er sich wieder große Mühe,
ein Seil am Giebel anzubringen,
um sich erneut darauf zu schwingen,
doch weit entfernt von Mutters Messer.
Solches Handeln fand er besser.
Kaum hatte er das Seil gespannt,
da kamen sie gleich angerannt.
Die Kinder, Bauern, Bäuerinnen
waren von Neugier fast von Sinnen.
Und schon begannen gar die Kecken,
den Eulenspiegel laut zu necken.

Doch dieser ließ sich nicht verdrießen.
Wenn sie den linken Schuh ihm ließen,
so meinte er mit Hintersinn,
wär' das für's Schauspiel ein Gewinn.

Till: Gebt mir euer'n Schuh
ganz hurtig im Nu.
Der linke am Bein,
der soll es nur sein.

Werft ihn in die Höhe,
damit ich ihn sehe.
Dann holt einen Strick,
schön lang und schön dick.

Sprecher: Sie fanden dieses unerhört
und waren anfangs ganz verstört.
Doch schließlich willigten sie ein
und Schuh und Stiefel glitt vom Bein.
Bald waren's hundertzwanzig Stück.
Till Eulenspiegel hatte Glück.
Nun band der Till in aller Ruh'
zu einem Berg die losen Schuh'
und balancierte ohne Eil'
mit dieser Last am Wäscheseil.

Kaum stand er in des Seiles Mitte,
da rief er laut hinunter:

Till: Bitte!
Schaut alle einmal zu mir 'rauf,
denn jetzt knüpf' ich die Senkel auf!

Sprecher: Kaum war's gesprochen, schon getan.
Der Boden zog das Schuhwerk an
wie ein Magnet das Eisen.

Till: Jetzt könnt ihr mir ganz schnell beweisen,
ob ihr im Haufen rasch entdeckt,
was vorher an dem Fuß gesteckt!

Sprecher: So lachte Till mit Übermut,
denn die Verwirrung tat ihm gut.
Die Leute stürzten sich wie Wilde
auf die Stiefel ohne Milde.
Manchem Mann erging es schlecht,
und Stunden währte das Gefecht.

Till Eulenspiegel sah in Ruh'
dem wilden Treiben unten zu.
Er lachte, daß er sich verschluckte
und lange noch sein Bauchfell zuckte.

Ein jeder wollte Till verprügeln,
doch es fehlte an den Flügeln.
Till stieg quietschvergnügt vom Seile
und verschwand für eine Weile.
Er war klug und blieb daheim
und ging keinem auf den Leim.

Wie ihr seht, kommt diesem Streich,
nicht so leicht ein and'rer gleich.
Till hatte ganz ungeniert
alle Leute ausgeschmiert.

Eulenspiegelköpfe
4. Schülerjahrgang

Wie Till die Kürschner betrog

Sprecher: Nach Leipzig kam zur Winterzeit,
die Stadt war tüchtig eingeschneit,
der Till auf Arbeitssuche –
nichts schlug ihm da zu Buche!

Als Kürschner wollt' er sich verdingen,
die Absicht schien nicht zu gelingen,
obwohl er redlich sich bemühte,
und ihm der Mund vom Fragen glühte.

Die Kürschner waren reiche Leute,
sie kauften Felle, gerbten Häute
und schnitten daraus Mäntel, Kappen,
die mußte teuer man berappen.

Die Meister wiesen Till die Tür,
sie hatten allen Grund dafür,
denn in Berlin, vor einem Jahr,
da foppte Till die Kürschnerschar.

Ein Kürschner hatte sehr gelitten,
dem Till ein Dutzend Fell' verschnitten.
Anstatt sie ordentlich zu gerben
und dafür guten Lohn zu erben,
zerschnitt er sie in kleinste Teile
und fertigte mit Lust und Weile
daraus Wolfspuppen, Teddybären;
dann mußt' er sich zum Teufel scheren.

Solch' Narrenposse war verhaßt,
d'rum wurd' in Leipzig aufgepaßt.
Allein, den Till, den reizte eben,
sie gerade deshalb 'reinzulegen.

Und die Gelegenheit kam bald,
Till wurde keine Woche alt,
denn jedes Jahr zur Fasenacht
wurde ein Hasenmahl gemacht
für alle Kürschner von der Zunft,
gut vorbereitet mit Vernunft.

Der Till erfuhr davon beim Tee
und hatte gleich eine Idee.
Des Wirtes Katze stahl er schnell,
ein Prachtstück mit sehr schönem Fell.

Dann holte er den Koch herbei.
,,Hast du ein Hasenfell noch frei?"
So fragte er den kleinen Dicken,
der konnt' nur mit dem Kopfe nicken.

Till packte die noch frische Haut
und näht' die Katze, g'rad geklaut,
in diesen fremden Umhang ein,
da half kein Zappeln, Kratzen, Schrei'n.

Bald war die Katz' ein falscher Has'
und Till, der klebte vor die Nas'
sich einen Schnurrbart schwarz und krumm,
zog and're Kleider an rundum.

Dann legte er sich jetzt als Bauer
vor's große Rathaus auf die Lauer,
um einen Kürschner abzufangen
und ihm den Hasen anzuhangen.

Es dauerte nur kurze Zeit,
dann war die Sache schon soweit.
Ein Meister kaufte diesen Braten
und nahm den Has', der gut geraten.

Er hielt ihn an den langen Ohren
und brachte ihn, schon halb erfroren
zu seinen Stammtischbrüdern hin.
,,Das ist ein Has', ein Hauptgewinn",
rief er den Freunden zu voll Stolz,
,,legt tüchtig auf das Feuerholz,
damit er hinterher gerät
und durch und durch schön knusprig brät."

Die Arbeit wurde flugs getan,
das Feuer fing zu flackern an,
während der Hase starr vor Schreck
auf einem Tische saß im Eck.

,,Bevor wir diesen Braten schmausen,
soll er nochmal im Garten sausen",
schrie einer laut. ,,Wer ist dafür?"
Bald standen alle an der Tür,
ganz gierig auf den Heidenspaß,
der Hase saß voll Angst im Gras.

,,Woll'n wir auf ihn den Jagdhund hetzen,
dann werden toll wir uns ergötzen,
denn mein Alexo ist nicht faul,
der bringt ihn uns im breiten Maul,
falls der nicht losrennt wie geschmiert
und ihn durch Hakenschlag nasführt."
Das schlug ein and'rer Kürschner vor,
und alle liehen ihm ihr Ohr.

Der Jagdhund wurde losgebunden,
der Hase war blitzschnell verschwunden
und seine Flucht, man glaubt es kaum,
die fand ihr End' auf einem Baum!

Dort saß der Has' wie eine Katz'
nach dieser wilden Jagd und Hatz'
mit krummem Rücken und Gefauch ,
wie es bei Katzen eben Brauch.

Der Hund war außer Rand und Band,
verbellte seinen Feind im Stand.
Von oben aus dem hohen Baum,
da hörte man es laut Miau'n.

Da wurde allen Kürschnern klar,
daß dies ein Eulenspiegelstückchen war.
Sie standen lange wie erstarrt,
durch Till war'n sie auf's neu genarrt.

Der fette Braten, welche Schand',
war eine Katz' im Has'gewand.
Ein Wutgeschrei scholl durch die Straßen:
,,Schlagt Till so tot wie seinen Hasen!"

Sie rannten voller Tatendrang
die engen, dunklen Gassen 'lang,
um Till, den Schalk, schnell zu erwischen
und ihm noch Prügel aufzutischen.

Allein, der Till, der war viel schlauer
und nun nicht mehr ein armer Bauer.
Er hatte neue Kleider angezogen
und dadurch sie nochmal betrogen.

Er lief mit bei der Hatz wie jeder
nach diesem Till, dem Übeltäter,
Auf ihn fiel keine Spur Verdacht,
so hat es Eulenspiegel oft gemacht.

Wie Till im Bienenkorb schlief

Sprecher: Eines Tages ging Till auf eine Kirchweih. Dort setzte er sich in ein Bierzelt und trank, bis ihm das Bier bis zum Halse stand, und er von einer Ecke bis zur anderen Ecke torkelte. Er fühlte sich plötzlich so müde, daß er sich ein Plätzchen suchte, wo er in Ruhe ein Nickerchen machen konnte. Da fand er einen Hof, in dem einige leere Bienenkörbe herumstanden.

Till: Das ist der richtige Platz für mich. Hier findet und stört mich keiner. Ich setze mich hinein und schlafe ein wenig.

Sprecher: Kaum war er in den Bienenkorb gekrochen, meinte man schon, ein ganzer Wald würde abgesägt. Till schlief den ganzen Nachmittag, verschlief den Abend und schnarchte noch bis tief in die Nacht. In dieser Nacht waren zwei Diebe unterwegs.

Dieb 1: Die Nacht ist rabenschwarz und deshalb zum Stehlen wie geschaffen. Komm mit, ich weiß, daß dort vorne Bienenstöcke sind. Vielleicht können wir einen ergattern!

Dieb 2: Das ist eine gute Idee, komm laß uns schnell machen, aber achte auf das Gewicht des Bienenkorbes! Die schwersten sollen nämlich den meisten Honig enthalten!

Sprecher: Beide Diebe tasteten sich im Hof herum und hoben jeden Bienenkorb auf, um sein Gewicht festzustellen.

Dieb 1: Rasch, hierher, der ist der schwerste, den nehmen wir mit!

Sprecher: Sie packten den Korb und schlichen davon. Till war durch das Schütteln beim Tragen aufgewacht und hörte, wie sich die beiden Diebe über ihre Beute berieten. Da einer den anderen nicht sehen konnte, griff Till aus dem Korb und zog den Vordermann kräftig an den Haaren.

Dieb 1: Bist du verrückt geworden, daß du mich an den Haaren ziehst! Laß das gefälligst, sonst setzt es Hiebe!

Dieb 2: Ich soll dich an den Haaren gezogen haben, du fantasierst wohl! Ich habe genug damit zu tun, den schweren Korb zu tragen!

Sprecher: Das wird eine lustige Sache, dachte sich Till. Er wartete ein bißchen und riß dann den Hintermann so kräftig an den Haaren, daß er einen Büschel davon in der Hand hielt. Nun geriet dieser in Wut.

Dieb 2: Reicht es noch nicht aus, daß ich den schweren Korb schleppe, und dann beschuldigst du mich noch, dich an den Haaren zu ziehen! Jetzt hast du mich so gezogen, daß ich meine, mir fehlt ein Stück von der Kopfhaut!

Sprecher: Der Vordermann blieb sofort stehen und brüllte zurück.

Dieb 1: Was schwafelst du vom Haareziehen? Ich sehe kaum einen Fuß vor dem anderen und habe genug zu tun, um den richtigen Weg zu finden. Und da soll ich dich an den Haaren ziehen? Daß du mich aber gezogen hast, das weiß ich sicher!

Sprecher: Nachdem sie sich immer mehr in die Wut hineinsteigerten, packte Till den vorderen noch einmal so an den Haren, daß er mit dem Kopf an den Bienenkorb schlug. Da wußte dieser nicht mehr, was er tat. Er ließ den Bienenkorb fallen und drosch so auf den anderen ein, daß die Fetzen flogen. Der Bienenkorb fiel zu Boden, und Till schlief in Ruhe seinen Rausch aus.
Verärgert über seinen Kumpanen machte sich der Dieb aus dem Staub und rief ihm zu:

Dieb 2: Mit dir kann man wirklich keine Pferde stehlen, laß dich bei mir ja nicht mehr blicken! Das hast du nun von deinem komischen Getue, solch' ein Spaß geht mir einfach zu weit!

Wie Till im Bienenkorb schlief

Sprecher: Till hatte viel getrunken
auf einem Kirchweihfest.
Er war voll wie Halunken
und neckte and're Gäst'.

Auf einmal wurd' er müde
und fühlte sich ganz schlapp.
Nach einem schatt'gen Plätzchen
sucht' er die Gärten ab.

Er kam in einen Garten
mit vielen Bienenstöck'.
Nicht lange wollt' er warten,
ein leerer wurd's Versteck.

Von Mittag bis um Mitternacht,
da schnarchte der Herr Sohn,
denn Eulenspiegels Mutter dacht',
nach Hause sei er schon.

Statt dessen lag Till wie ein Engel
im Korbe auf dem Ohr.
Betrunken war der Bengel
wie niemals noch zuvor.

Trotzdem vernahm er einen Laut,
etwa um Mitternacht.
Er dachte: ,,Hier wird doch geklaut,
ganz heimlich, still und sacht."

Zwei Honigdiebe schlichen leis'
von einem Korb zum ander'n.
,,Der schwerste bringt den besten Preis,
mit ihm woll'n fort wir wandern!"

,,Das seh' ich ein", meinte der erste
und hob die Körb' reihum.
,,Komm her, hier ist der schwerste!"
rief er, ,,das ist ein Trumm!"

In diesem lag, ihr wißt's genau,
der Till, wach und voll Zorn.
Er brummte: ,,Warte, Honigklau,
dich nehm' ich auf das Korn!"

Die beiden Kerle schleppten schwer
an ihrer süßen Last.
Sie schwitzten schlimm und fluchten sehr,
denn groß war ihre Hast.

Nach einer Weile griff der Tropf
heraus aus dem Versteck
und zog den ersten fest am Schopf,
riß ihm die Haare weg.

,,Au!" schrie der Dieb,
,,bist du von Sinnen!
Bist du nicht lieb,
geh' ich von hinnen!"

,,Ich bin mir keiner Schuld bewußt",
entgegnete der zweite.
,,Meinst du, ich hätte Zeit und Lust,
daß ich dir Schmerz bereite?"

,,Ich schleppe hier fast wie ein Gaul,
den Korb, den zentnerschweren!
Und jetzt halt' endlich 'mal dein Maul,
sonst muß ich Furcht dir lehren!"

Es war schon eine Zeitlang still,
da brüllte laut der zweite,
denn dessen Haarpelz zog nun Till,
wie er sich diebisch freute.

Dem Hintermann platzt' die Geduld.
,,Was fällt dir ein, du Schuft.
Erst schiebst du zu mir diese Schuld,
jetzt hast du mich gerupft!"

,,Mir fehlt am Kopfe fast die Haut,
von Haaren ganz zu schweigen.
Wir haben stets uns doch vertraut?
Soll sich nun Feindschaft zeigen?"

,,Wie komm' ich denn zu solcher Ehr'.
Ich kann die Füß' kaum heben,
und meine Händ' spür' ich nicht mehr,
da soll ich Schläg' dir geben?"

So stritten und so fluchten sie
den halben Weg gar fort.
Der Till, der gab sich redlich Müh',
er zog mal da, mal dort.

Die beiden Diebe wurden weiß,
vor Ärger, Wut und Zorn.
Sie droschen sich mit großem Fleiß,
von hinten und von vorn.

Sie schlugen grün sich, blau und rot
und schonten keine Glieder.
Beinahe schlugen sie sich tot,
so war'n sie sich zuwider.

Am Ende, in der Dunkelheit,
fanden sie sich gar nimmer.
Till wieherte vor Heiterkeit,
schlief ein durch das Gewimmer.

Er lag in seinem Korbe sanft,
bis ihn die Sonne weckte.
Sein Rausch war lange schon verdampft,
seit er die Diebe neckte.

Die stahlen fortan nimmermehr,
die Bienenstöck' mit Süße.
Die Prügel waren harte Lehr'.
Es waren Till'sche Grüße.

Till Eulenspiegel
2. Schülerjahrgang

Wie Till Eulenspiegel die Milch aufkaufte

Sprecher: Till rollte eines Tag's fürbaß
auf Bremens Markt ein riesig' Faß
und stellt' es in die Häuserrunde.
Von Mund zu Mund lief diese Kunde.

Die Marktfrau'n gafften ungeniert
auf das, was Till herangeführt
und fragten ohne Unterlaß:
„Was will der Schelm mit diesem Faß?"

Der rief mit lauter, hoher Stimme:
„Jetzt schärft das Ohr und eu're Sinne!
Ich möchte eu're Milch aufkaufen.
Ihr wollt sie doch nicht selber saufen?

Wer leicht nach Hause gehen will,
der schütte mit sehr viel Gefühl
sein weißes Gold in dieses Faß
und schreibe an die Wand sein Maß."

Die Frauen packten ihre Eimer,
manche war'n größer, manche kleiner.
Sie stellten sich in eine Reih'.
Bald war am Faß kein Platz mehr frei.

Dann stieg die erste auf die Leiter,
dann die zweite und so weiter.
Und jede goß –
schwipp-schwapp–schwipp-schwapp –
die Milch ganz tief ins Faß hinab.

Allmählich stieg das weiße Naß
vom Boden bis zum Rand im Faß.
Kein Tropfen Milch war übrig 'blieben.
Das Holz war rundum vollgeschrieben.

Und als die Arbeit sie getan,
da fingen alle Marktfrau'n an
nach Geld für ihre Milch zu schrei'n,
je nach der Menge, groß und klein.

Doch Till tat ganz verdutzt, erstaunt.
„Seid bitte nicht zu schlecht gelaunt,
wenn ich euch keines heute gebe.
Ich habe nichts, so wahr ich lebe.

Doch zeigt ein wenig nur Geduld,
dann zahl' ich euch die kleine Schuld.
In vierzehn Tag' komm' ich zurück
von Bremen. Ihr habt großes Glück."

Doch niemand wollte das erdulden.
„Sofort bezahlst du deine Schulden!
Sonst rufen wir den Polizist,
damit du sie nie mehr vergißt!"

So schrien sie lauthals auf Till ein.
Der schien recht ärgerlich zu sein.
„Wer vierzehn Tag' nicht warten will,
nehm' aus dem Faß sein Teil", sprach Till.
„Doch schöpft dabei, sonst gibt's Verdruß,
nur eig'ne Milch bei jedem Guß."

Gleich rannten alle Milchfrau'n los,
und das Getümmel war sehr groß.
Sie griffen Eimer, Becher, Töpfe
und füllten sie randvoll, die Näpfe.

In diesem Kampf um süße Milch,
da war man gar nicht zimperlich.
Manch' Eimer schlug an einen Kopf
und mancher Frau fehlte ein Zopf.

Fast jeder war voll Milch gespritzt,
und alle Köpfe rot erhitzt.
Die Füße badeten in Milch.
Till stand und lachte, dieser Knilch.

Da – plötzlich krachte es: wumm, wumm –
und polternd fiel das Milchfaß um.
Der Inhalt rann über die Steine.
Die Leute sahen aus wie Schweine.

Wer nicht begossen war, der lachte
vor lauter Schadenfreud' und dachte:
„Der Till hat's ihnen toll gegeben.
Daran, da denken sie ihr Leben!"

Ein seltsamer Spazierritt

Sprecher: An einem schönen Sommertag zogen ein Bauer, sein Sohn und der Esel auf den Markt in der Stadt, um ihr Gemüse zu verkaufen. Beide priesen ihre Waren an.

Bauer und Sohn: Schöne Äpfel, frische Tomaten, saftige Rettiche! Kommen Sie her, meine Damen, kaufen Sie, kaufen Sie!

Käuferin 1: Ich möchte zwei Pfund Äpfel, aber ganz rote!

Käuferin 2: Geben Sie mir bitte einen Bund Rettiche, aber nur die großen!

Käuferin 3: Packen Sie mir ein paar Pfund Tomaten ein, aber keine weichen!

Sprecher: Das Geschäft ging so gut, daß sie schon am frühen Nachmittag nach Hause aufbrechen konnten.

Bauer: Gott sei Dank, daß wir unsere Ware los sind, ich bin jetzt hundemüde!

Sprecher: Der Bauer stieg auf seinen Esel und ritt vom Markt weg aus der Stadt. Den Jungen ließ er neben sich herlaufen.
Der Bauer trällerte ein Lied vor sich hin, denn er konnte sich auf des Esels Rücken ausruhen.
Der Sohn seufzte und schnaufte, buh . . .

Sohn: Ach Vater, wie weit ist es denn noch, mir tun schon die Füße weh!

Bauer: Was klagst du? Du bist doch noch jung. In deinem Alter bin ich meilenweit gelaufen, ohne mit der Wimper zu zucken.

Sprecher: Sie waren erst eine halbe Stunde gelaufen, da trafen sie einen Wanderer.

Wanderer 1: Ja, sehe ich denn recht? Sitzt doch da der Vater auf dem Esel und läßt seinen kleinen, schwachen Sohn den Staub schlucken. Schämt ihr euch nicht, ein Kerl wie ihr, groß und kräftig! Laßt den Buben aufsitzen, der kann ja schon bald nicht mehr! Das ist wirklich nicht zu fassen!

Sprecher: Der Wanderer ging fort.
Der Bauer schaute betroffen, verzog das Gesicht nachdenklich, hob dann einen Fuß über den Sattel, dann noch einen und stieg ab.
Schnell sprang der Sohn, jetzt gar nicht mehr müde, auf den Esel und pfiff vor sich hin. Der Vater schlurfte hinterher.
Kaum waren sie ein Stück des Wegs gegangen und im Wald angelangt, da trafen sie wieder einen Wanderer.

Wanderer 2: Da schlägt es doch dreizehn. Ein junger Bursche auf dem Esel, während der alte Vater zu Fuß gehen muß. Sofort machst du Platz, du Lausejunge, und überläßt deinem Vater ein Stück Sattel!

Sprecher: Eingeschüchtert rückte der Sohn im Sattel nach hinten. Vater und Sohn sahen sich beide an, dann den Wanderer und gaben dem Esel schließlich einen Klaps, so daß er antrabte. Beide saßen nun auf dem Esel und ritten eine Strecke stumm vor sich hin. Jeder war mit seinen Gedanken beschäftigt. Der Esel spürte die schwere Last und ließ den Kopf immer tiefer hängen.

Esel: Ia, ia, ia.

Sprecher: Eine Maus huschte vor ihm über den Weg und sagte spitz, weil sie eine Spitzmaus war:

Maus: Du bist wirklich ein Esel, weil du so schwer schleppst!

Sprecher: Der Esel antwortete nur:

Esel: Ia, ia, ia.

Sprecher: Da kam ein dritter Wanderer des Wegs.

Wanderer 3: Ei, der Taus, was ist das für eine Art? Zwei Kerle auf einem so schwachen Tier, da sollte man doch den Stock nehmen und beide hinabprügeln!

Sprecher: Vater und Sohn guckten sich verdutzt an, stiegen aus dem Sattel und liefen neben dem Esel her, einer voran, einer hinterher, der Esel in der Mitte.
Der Wanderer zog weiter.
Bald waren ihre Schritte immer kürzer und schwerer. Ab und zu blieb einer stehen, um ein paar Minuten zu verschnaufen. Der Vater wurde langsam ungeduldig und trieb den Sohn an.

Bauer: Komm' Junge, reiß' dich zusammen, wir haben es bald geschafft! Man sieht ja schon die Kirchturmspitze und hört das Abendläuten.

Sohn: Mir brennen die Füße so, als wäre ich über Feuer gelaufen, am liebsten würde ich mich hier gleich schlafen legen.

Sprecher: Kurz vor ihrem Dorf kam ein vierter Wanderer auf sie zu.

Wanderer 4: Ihr seid mir recht komische Gesellen! Es reicht doch, wenn zwei laufen. Viel leichter wäre es doch, wenn einer von euch reiten würde!

Sprecher: Der Vater guckte den Sohn an, der Sohn den Vater, der Esel stimmte allen zu. Da packten Vater und Sohn den Esel, fesselten seine Beine, schoben eine Stange durch und luden sich die Last auf die Schultern. Dann trugen sie den Grauen unter Ächzen und Stöhnen davon.

Sohn: Ich breche fast zusammen.

Bauer: Ich hätte nicht gedacht, daß der so vollgefressen ist!

Sprecher: Der Esel hatte auch jetzt nichts anderes zu sagen als vorher, nämlich: „Ia, ia, ia!"
So kamen sie schließlich schweißüberströmt und halbtot im Dorfe an. Dort erzählten sie allen, was sie erlebt hatten und wurden ausgelacht.

Chor: Wieso? Weshalb? Warum?

Sprecher: Und die Moral von der Geschicht': Einem jeden Menschen recht getan, ist eine Kunst, die niemand kann – nicht einmal der Bauer und sein Sohn!

1. Bild
Vater und Sohn machen sich auf den Weg zum Markt, um ihre Waren zu verkaufen. Verschiedene Bäume werden zur Darstellung der Wegstrecke eingesetzt.

2. Bild
Auf dem Wochenmarkt bieten beide lauthals die Waren an. Viele Kunden erscheinen. Hier finden am Stand Verkaufsgespräche statt, die beliebig gestaltet werden können.

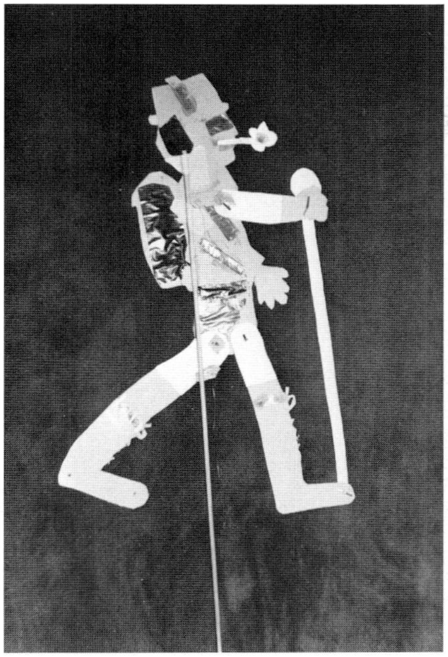

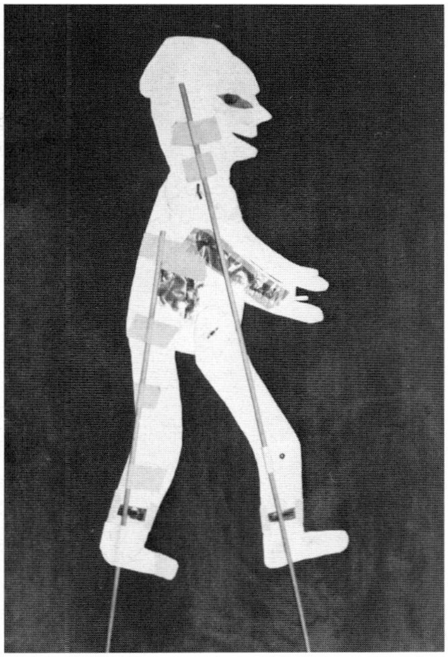

3. Bild
Auf dem Heimweg treffen Vater und Sohn auf den ersten Wanderer, der dem Vater Vorhaltungen über seine Verhaltensweise macht.

4. Bild
Der zweite Wanderer beredet dem Sohn sein Reiten auf dem Esel.

5. Bild
Beide sitzen auf dem Esel und begegnen verschiedensten Tieren.

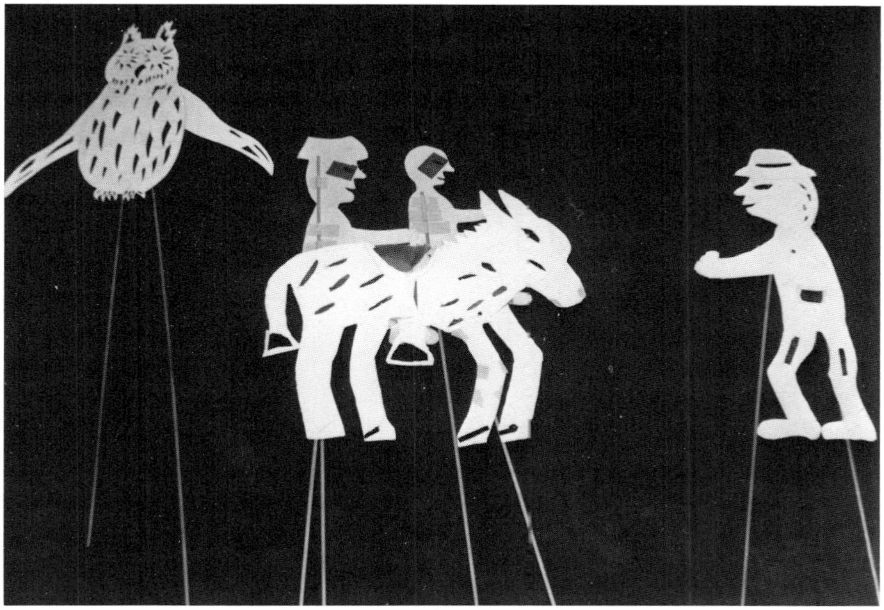

6. Bild
Der Wanderer entrüstet sich über Vater und Sohn und veranlaßt sie abzusteigen.

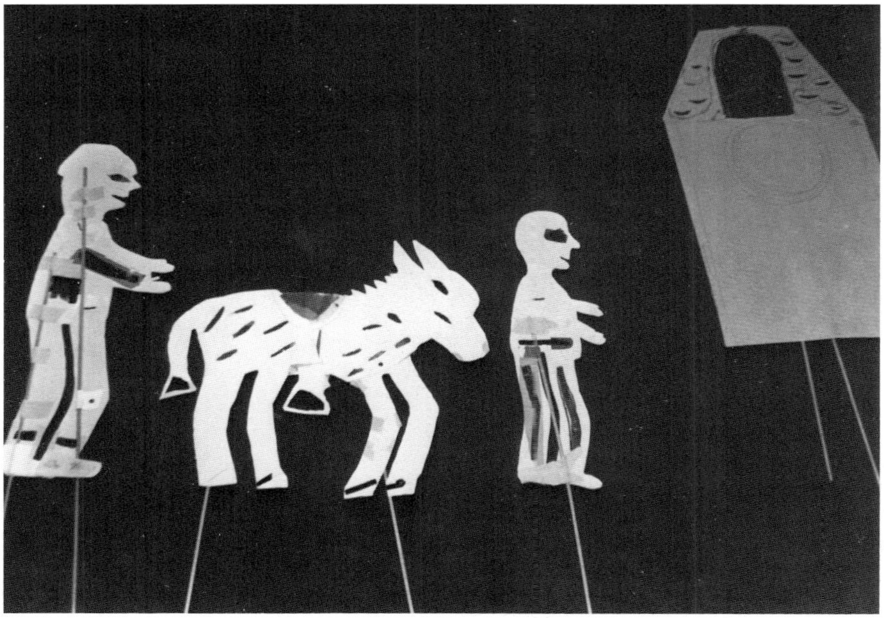

7. Bild
Beide laufen mühsam neben dem Esel her, ein jeder unsicher geworden, wie er sich verhalten soll.

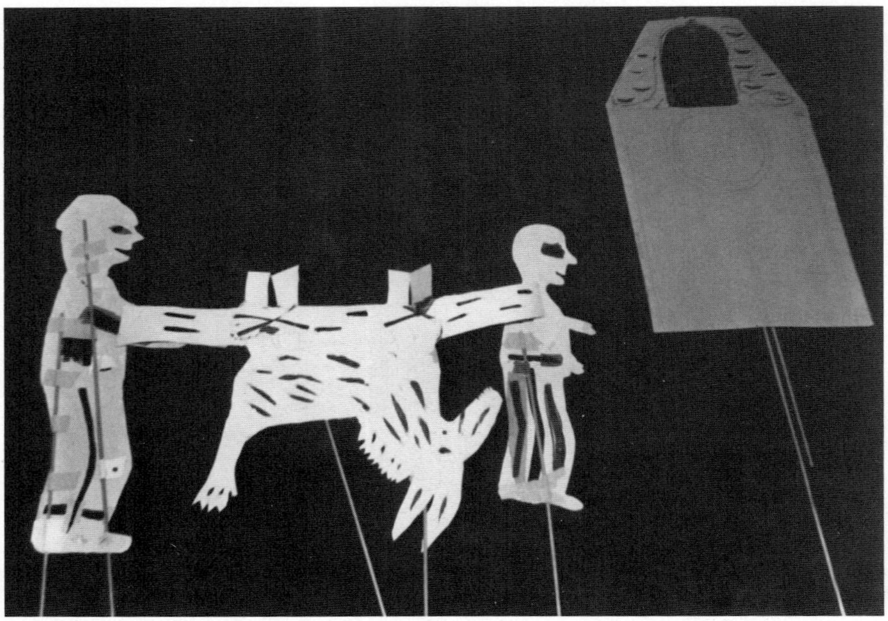

8./9. Bild
Die Vorhaltungen des Wanderers bewirken schließlich, daß beide dem Reittier die Füße zusammenbinden und es auf den Schultern ins Dorf tragen.

Dias
Die Schüler gestalten mit Begeisterung in kooperativer und arbeitsteiliger Arbeit die einzelnen Schattenfiguren für das Spiel. Schon während der Herstellung der Figuren finden freie szenische Spiele statt, weil die Figuren das Schauspielern herausfordern. Für dieses Vorhaben opfern Kinder auch gerne die Freizeit.

Geschichten

Tumult im Ameisenhaufen

Sprecher: Fritzchen ist ein kleiner Junge
mit dem Herzen auf der Zunge.
Er trägt borstigkurze Haare
und ist ungefähr zehn Jahre.

Eines Tages kam Freund Peter –
diesen Frechdachs kannte jeder.
Er pfiff Fritz, der wußte gleich,
heute gibt's 'nen neuen Streich.

Peter: Hast du Lust, etwas zu wagen,
brauchst du nur noch ja zu sagen!
Ich habe mir 'was ausgedacht,
und das wird auf der Stell' gemacht.

Fritz: Was soll's denn sein,
was woll'n wir machen?
Ich hoffe, ganz verrückte Sachen!
Du hast bestimmt eine Idee,
wie ich an deinen Augen seh'!

Peter: Siehst du dort vorn' den großen Haufen
zu dem die Ameisen hier laufen?
Er ist bald über einen Meter.
Die Höhe schafft nicht gleich ein jeder
bei einem Sprung, den ich jetzt mache.
Wie du es schaffst, ist deine Sache.

Fritz: Das ist für mich ein Kinderspiel,
die Höhe ist mir nicht zu viel.
Ein Lauf, ein Sprung und eins, zwei, drei,
bin ich am Haufen schon vorbei.

Sprecher: Der eine Junge lief gleich los,
doch seine Sprungkraft war nicht groß.
Der Haufen war zu hoch für ihn
und schon lag er auf seinen Knien.

Er steckte tief im gelben Sand und wühlte mit der freien Hand
sich aus dem Haufen schnell heraus.
Ameisen waren ihm ein Graus.

Sprecher: Trippel, trappel, trippel, trappel,
ein Gezippel, ein Gezappel,
'rauf und 'runter, immer munter,
'rein und 'raus, geht's im Haus.

Vorwärts kriechen durch die Gänge,
geradeaus, die ganze Länge.
Kribbel, krabbel, kribbel, krabbel
auf dem Weg gibt's kein Gebabbel.

Zicke, zacke, zicke, zacke,
in die Erde mit der Hacke,
nicht gerastet mit dem Packe!
Immer munter und in Eile,
hier gibt's keine Langeweile.

Ameisenkönigin: Los, los, flink, flink mit jedem Bein,
die Eier brauchen Sonnenschein.
Ein jeder nimmt ein's auf den Rücken,
die Last wird euch wohl kaum erdrücken.

Ameisen: Wir eilen schon, Frau Königin,
wo sollen denn die Eier hin?
Wie neulich auf den heißen Stein?
Dort liegt der längste Sonnenschein!

Ameisenkönigin: Nein, nein, der Ort ist heut' nicht recht,
er ist zum Brüten zwar nicht schlecht,
für diese Brut jedoch zu heiß,
bringt sie zum Sandbad, schnell mit Fleiß.

Ameisen: Trippel, trappel, trippel, trappel,
in's Freie geht es mit Gezappel.
Ohne Rast und ohne Ruh',
wir schleppen Lasten immerzu.

Eine Ameise: Dort vorne ist schon unser Ziel,
bleibt in der Reihe, kein Gewühl,
ein jeder lädt in Ruhe ab,
und dann ganz schnell zurück trapp, trapp.

Ameise: (1) Ein Bösewicht, ein Bösewicht,
kommt, krabbelt schnell ihm ins Gesicht
und zwickt und zwackt ihn in das Bein,
das soll ihm eine Lehre sein!

Ameise: (2) Er hat die Wohnung uns zerstört
und Leben ist für ihn nichts wert.
Wir haben lang an dem gebaut,
was er durch Mutwillen zerhaut.

Ameise: (3)
Das ganze Volk ist arg in Not,
und viele Hundert sind schon tot.
Kommt mit und helft in allen Gängen,
in denen sich die Kranken drängen.

Fritz:
Au, au, wie brennt mein linkes Bein!
Das finde ich vielleicht gemein
von diesen kleinen Krabbeltieren.
Sie kratzen mich mit allen Vieren.

Weg, weg mit euch von meiner Haut!
Wie mir vor diesen Biestern graut!
Ich töte euch mit jedem Schlag,
weil ich euch absolut nicht mag.

Sprecher:
Der Junge hüpfte wild und zuckte,
weil ihn das Ameisengift juckte.
Er schüttelte die Tierchen fort,
doch immer neue war'n am Ort.

Der Peter sah dem Ganzen zu,
und in den Sinn kam ihm im Nu,
was Fritz durch seine Tat verschuldet,
und was er wissentlich geduldet.

Peter:
Du hast den ganzen Bau zerstört,
das finde ich doch unerhört.
So war das wirklich nicht gedacht,
sonst hätte ich nicht mitgemacht!

Fritz:
Was heulst du um die hundert Leben?
Ameisen wird es immer geben.
Und einen Haufen, wie der war,
der ist im Walde auch nicht rar.

Peter:
Nein, nein, hier hast du niemals recht.
Wer die Natur zerstört, ist schlecht!
Ameisen töten ist kein Mut.
Den Schaden machst du nicht mehr gut.

Fritz:
Nun hör' schon auf mit dem Geschrei,
mir ist dein Vorwurf einerlei.
Hier können wir uns nicht versteh'n,
du kannst ja helfen, ich werd' geh'n.

Ameisenkönigin:
Seht ihr, dort geht der üble Junge
und bleckt noch seine freche Zunge.
Er ist sich keiner Schuld bewußt
und hat auf neues Unrecht Lust.
Wir können ihn nicht mehr bestrafen,
und er spielt weiterhin den Braven.

Sprecher:
Der Fritz eilt fort mit schnellem Schritt.
Der Peter bleibt, er geht nicht mit.
Schnell häuft er Hände voller Erde,
damit sie neue Wohnung werde,
auf dem zertret'nen Haufen auf
und legt noch Laub und Nadeln d'rauf.
Dann nimmt er Tierchen, Stück für Stück,
und bringt sie heil zum Bau zurück.

Er fängt dann an, sich umzuschau'n,
was taugt für einen guten Zaun.
Sieht ein paar abgebroch'ne Äste
und meint, sie wär'n dafür das Beste.

Steckt sie im Abstand um den Bau,
betrachtet dann sein Werk genau.
Ob es den Waldbewohnern nützt
und sie vor weit'rem Unglück schützt.

Förster:
Das, was du tust, das find' ich fein,
dich stell' ich zum Naturschutz ein.
Ich brauche Jungen mit Verstand,
die nach dem Rechten seh'n im Land.

Dir ist der Zaun recht gut geraten,
und fast behoben ist der Schaden.
Das Ameisenvolk wird verschont
und deine Tat von mir belohnt.

Peter:
Ich krieg' den Lohn nicht ganz zu Recht,
denn ich benahm mich vorher schlecht.
Ich hab' dem Freund zu spät gesagt,
wie er die kleinen Tierchen plagt.

Förster:
Das ist wohl richtig, kleiner Freund,
doch jetzt hast du es gut gemeint.
Entscheidend ist die Sinneswende,
dann gibt es doch ein gutes Ende.

Eine Verkehrsgeschichte

Sprecher: Zu Fuß zu geh'n ist kein Genuß,
denn langes Gehen bringt Verdruß.
Die Schuhe drücken manchen Zeh,
das tut nicht gut, es tut nur weh.

Doch was bleibt einem, der nichts hat,
dem selbst das Geld fehlt für ein Rad?
Er muß den Bürgersteig benutzen
und kriegt vom Straßenstaub den Husten.

Doch seht, dort kommt ein solcher Mann,
der niemals fährt, nur laufen kann.
Er trägt nur Schuh' mit dicken Sohlen,
denn so soll sich der Fuß erholen.

Fußgänger: Ach von den harten Pflastersteinen,
da spür' ich's richtig in den Beinen.
Ich glaub', daß meine Schuh' nichts taugen,
denn ich hab' schon vier Hühneraugen.

Fußgängerin: Ach guten Tag, Herr Schuhnichtgut.
Ich schwitze wieder einmal Blut,
denn dieser Lärm auf allen Straßen,
macht mich verrückt, bringt mich zum Rasen.

Und der Gestank, man soll's nicht glauben,
will einem schier den Atem rauben.
Die Autofahrer woll'n nur rasen,
und wir ersticken in den Gasen.

Fußgänger: Paßt auf, paßt auf, Frau Schnaufmalein,
sonst wird's um Sie geschehen sein.
Springt schnell zur Seite, los, los, los!
Es kommt der Radler Gernegroß.

Das letzte Mal fuhr dieser Bengel,
mitten hinein in das Gedrängel.
Er nimmt nie Rücksicht auf die Leute,
und wer nicht springt, ist seine Beute.

Radler: Ich trete stramm in das Pedal.
Die ander'n seh' ich nicht einmal.
Platz gemacht, geht aus der Bahn!
Ich fahr' so schnell ich treten kann.

Ach ist das herrlich anzuseh'n
wie rasch sie aus dem Weg mir geh'n.
Ich kann sie stets zum Laufen bringen
und so die freie Bahn erzwingen.

Fußgängerin: O Gott, o Gott, er ist vorbei.
Mir ist noch jetzt ganz einerlei.
Der Einkaufskorb ist aufgeplatzt
und meine Tasche ist verkratzt.

Fußgänger: Du Flegel, Rowdy, Bösewicht!
Siehst du denn all die Leute nicht?
So kann man sich doch nicht benehmen!
Du solltest dich zu Tode schämen!

Radler: Schrei' ruhig mir in das Gesicht.
Mich stört euer Geschimpfe nicht.
Ich bleib' der Schnellste auf dem Rad.
Was kümmert's mich, was ich euch tat.

Sprecher: Die beiden standen nun bereit.
Sie wollten auf die and're Seit'.
Doch wie so oft an Arbeitstagen
waren die Straßen voller Wagen.

Die Autos fuhren dicht an dicht.
Ein Überqueren gab's da nicht,
und weit und breit war keine Lücke,
kein Zebrastreifen, keine Brücke.

Fußgänger: Wir werden hier noch lange steh'n,
denn niemand will uns winken seh'n.
Die Autofahrer schau'n g'rad'aus.
Sie woll'n nur alle schnell nach Haus'.

Fußgängerin: Sie bräuchten doch nur kurz verweilen,
damit wir schnell hinübereilen.
Was machen denn die paar Minuten.
Wir würden uns ganz tüchtig sputen.

Autofahrer: Ich steige auf das Gaspedal.
Die ander'n sind mir ganz egal.
Platz gemacht, geht aus der Bahn!
Ich fahr' so schnell ich fahren kann.

Motorradfahrer: Was wollen diese beiden Alten,
die meinen doch nicht, ich soll halten.
Das kostet mich nur Zeit und Sprit,
und meine Bremsen nimmt es mit.

Polizist: Hallo, hallo, ich steh' euch bei!
Hier hilft euch nur die Polizei.
Wenn ich die Arme halte quer,
so fährt sofort kein Auto mehr.

Ich regle täglich den Verkehr,
und manchmal geht das wirklich schwer.
Bei schlechtem Wetter, Wintertagen,
muß ich mich ganz besonders plagen.

Fußgänger
Fußgängerin: Für ihre Hilfe danken wir,
sonst stünden wir noch morgen hier.
Es fehlt hier nämlich weit und breit
ein Zebrastreifen für die Leut'.

Autofahrer: Ich ärgere mich schief und krumm.
Am liebsten führe ich ihn um.
Nun steh' ich hier im Autostau.
Die beiden Alten machten's schlau.

Sprecher: Der Autofahrer fuhr gleich los,
denn seine Ungeduld war groß.
Es quietschten alle seine Reifen.
Der Polizist begann zu pfeifen.

Ein kurzes Stück, dann gab's 'nen Knall!
Ein Mopedfahrer kam zu Fall.
Der Autofahrer in der Hast
hatte ihn mit dem Rad erfaßt.

Mopedfahrer: Ist das vielleicht recht rücksichtsvoll?
Da kriegt man wirklich seinen Groll.
Zum Glück ist mir nicht viel passiert.
Mein Moped ist schnell repariert.

Fußgänger: Da ist ein Unfall g'rad' gescheh'n.
So kann es einem täglich geh'n.
Man geht gesund zu Hause fort
und kurz darauf liegt man so dort.

Fußgängerin: Ich höre schon das Martinshorn.
Der Krankenwagen kommt da vorn'.
Ich glaub', ein Kind wurd' angefahren.
Die Gaffer drängen sich in Scharen.

Kind: Au weh, au weh, mein linkes Bein!
Es wird, mein' ich, gebrochen sein.
Das Auto fuhr mich plötzlich nieder.
Mir schmerzen alle meine Glieder.

Sanitäter: Macht Platz, ihr Leute, geht zurück!
Ein Unfall ist bestimmt kein Glück.
Seid froh, daß es nicht euch passiert
und gafft nicht weiter ungeniert.

Polizist: Los, los, die Fahrbahn freigemacht,
bevor es gleich noch einmal kracht!
Die Straße ist kein Aufenthalt.
Sie ist Gefahr für Jung und Alt.

Sanitäter: Fast täglich schaffen wir ein Kind
mit Blaulicht und meist blitzgeschwind
ins Krankenhaus, um es zu retten.
An manchen Tagen fehlen Betten.

Polizist: Ja, ja, für das Verkehrsgewühl,
fehlt Kindern das Verkehrsgefühl!
Sie kennen, weil sie jung an Jahren
noch nicht die schrecklichen Gefahren.

Sie laufen blindlings nach dem Ball
und kommen auf der Straß' zu Fall.
Ein Fahrzeug ist dann schnell heran,
das nicht mehr zeitig bremsen kann.

Fußgänger: Es fehlen einfach da und dort
genügend Spielplätze am Ort.
Wo können Kinder sicher spielen
und sich ganz frei und sicher fühlen?

Sprecher: Wenn alle Leute dazu kämen
und aufeinander Rücksicht nähmen,
so gäb' es trotz Verkehrsgewühl
an Unglücksfällen nicht so viel.

Hast du schon d'rüber nachgedacht,
was du bisher so falsch gemacht?
Vielleicht fällt dir jetzt blitzschnell ein,
was daran könnte besser sein.

Der Schulschwänzer

Zauberer: Ich bin der Zaub'rer Theobald
und an die hundert Jahre alt.
Ich zaubere nicht jeden Tag,
nur wenn ich will und wenn ich mag.

Den kalten Winter mach' ich heiß,
und Schnee ist bei mir schwarz, nicht weiß.
Den Sommer bring' ich zum Gefrieren.
Kein einzig' Ding kann sich dann rühren.

So treibe ich die große Kunst
mit viel Tamm Tamm und schwarzem Dunst.
Ich übe täglich Zauberworte.
Aus einem Stein wird bei mir Torte.

Dort hinten sehe ich ein Kind.
Ich glaube, ich versteck' geschwind
mich hinter einem dichten Busch.
Fort bin ich schon, simsa, husch, husch.

Junge: Es ist ein wunderbarer Tag,
an dem ich nicht zur Schule mag.
Ich bleibe lieber auf der Wiese
und halte in den Bach die Füße.

Den Ranzen werfe ich vom Rücken.
Mich soll das Ding heut' nicht mehr drücken.
Auch all die Bücher und die Hefte
geh'n über meine Schülerkräfte.

Das ewiglange, stille Sitzen
bringt mich – denk ich nur d'ran – zum
Schwitzen.
Wer freut sich schon auf die Diktate?
Die Zeit dafür ist jammerschade.

Maulwurf: Wer liegt denn da, seh' ich da recht?
Es ist ein Junge. Ist ihm schlecht?
Ich frage ihn am besten gleich,
denn er scheint mir ganz müd' und bleich.

Hallo, du, geht's dir nicht gut?
Brauchst du 'was? Fehlt's dir an Mut?
Ich bringe dir ein bißchen Tee,
dann tut der Kopf dir nicht mehr weh.

Junge: Mir ist ganz wohl wie nie zuvor.
Ich leg' mich gerne auf das Ohr
bei Sonnenschein und Vogelsang.
Nur vor der Schule ist mir bang'.

Maulwurf: Jetzt versteh' ich dein Verhalten.
Du willst heut' nur die Hände falten
und müßig in den Schoße legen.
Ich glaub', das bringt dir keinen Segen.

Marienkäfer: Ich war gerad' in deiner Klasse.
Dein Lehrer sprach: „Wenn ich ihn fasse,
den Schlingel, der die Schule meidet,
dann setzt es Prügel, daß er leidet."

Viel klüger wäre es gewesen,
du übtest Rechnen, Schreiben, Lesen
wie all die Mädchen und die Buben,
die d'rinnen sitzen in den Stuben.

Das Einmaleins lernt' ich voll Lust
mit meinen Füßen vor der Brust.
Ich kann jetzt bündeln in Systemen
und mir fast jedes Buch vornehmen.

Keine Rechnung kann mich schrecken,
denn ich weiß sehr schnell zu entdecken,
wie die Nuß zu knacken sei.
Die Lösung find' ich, eins, zwei, drei.

Ameise: Ei, guten Tag, bist du der Wicht,
von dem die ganze Wiese spricht?
Du liegst gewissenlos herum
und guckst dich nicht nach Arbeit um.

Ich kann keine Stunde weilen.
Den ganzen Tag muß ich mich eilen.
Ich würde gern zur Schule geh'n,
um vieles besser zu versteh'n.

Als Kind, da war ich nur zu Haus',
und jetzt ist's mit dem Lernen aus,
denn ich bin alt und abgeschafft.
Zum Lernen fehlt mir heut' die Kraft.

Ich rate dir, zu überdenken –
mein Mahnen sollte dich nicht kränken –
ob du nicht doch die Schule wählst,
auch wenn du dich damit oft quälst.

Junge: Ich danke dir für deinen Rat,
doch schwierig bleibt für mich die Tat.
Wenn mich die Lehrer nämlich fragen,
kann meistens ich kein Wort mehr sagen.

Die Hausaufgaben sind zu schwer.
Vom Denken wird der Kopf mir leer,
und mit dem allerbesten Stift
gelingt mir keine schöne Schrift.

Fuchs: Mein lieber Junge, mit dem Schwänzen
kann man vor ander'n gar nicht glänzen.
Was du beklagst mit Ungeduld,
daran trägst du auch große Schuld.

Wer nicht die Arbeit will, nur Ruh',
dem fliegt das Wissen auch nicht zu.
Du mußt es durch die Tat gewinnen,
mit Kopf und Herz und allen Sinnen.

Das Lernen ist kein Zuckerlecken.
Man muß dafür den Willen wecken.
Doch wer einmal damit beginnt,
wird staunen, was er dabei find'.

Von Pflanzen, Tieren, kennt er Namen.
Er weiß von großen Herrn und Damen,
von Ländern, die in weiten Fernen,
von Sputniks, Sonne, Mond und Sternen.

Junge: Ich staune, was du weißt im Nu
und höre gern dir weiter zu.
Ich glaub', ich komm' auf den Geschmack
und guck' in meinen Bücherpack.

Doch, ach, o weh, das Bücherlesen,
das ist noch nie mein Fach gewesen.
Jetzt wollte ich es wirklich wagen
und muß beim ersten Wort verzagen.

Zauberer: Ich merk', du zeigst den echten Willen,
um deine Lücken aufzufüllen.
Doch seh' ich bei dir kein Vermögen,
Gedanken richtig zu bewegen.

Das kann sich ändern, wenn ich will.
Steh' auf und halte dich ganz still.
Ich werd' dir in Sekunden lehren,
dein Wissen sprunghaft zu vermehren.

Die Augen öffne groß und weit.
Sei für die schwarze Kunst bereit.
Auf deinen Kopf setz' ich den Trichter.
Es wird dir, merkst du's, licht' und lichter.

Das ganze Wissen dieser Welt
hab' ich für dich hineinbestellt.
Nun nimm das Buch und lies was vor.
Wir lauschen dir und sind ganz Ohr.

Alle: Die Zauberei ist scheint's geglückt.
Der Junge schaut nicht mehr bedrückt.
Er liest im Buche Zeil' um Zeil',
zum Ausruh'n hat er keine Weil'.

Junge: Ich fühle mich wie neugeboren.
Vor Eifer hab' ich rote Ohren.
Ich kann jetzt rechnen, schreiben, lesen,
so gut wie niemals dagewesen.

Keine Stund' will ich verträumen
und niemals mehr die Schul' versäumen.
Ich danke dir für deine Gunst,
denn meisterhaft war deine Kunst.

Wie plagen sich die and'ren Kinder.
Durch Zauberei geht's viel geschwinder.
Ich werde mich deshalb bewähren
und meine Kameraden lehren.

Zauberer: Das hör' ich gern, du machst es richtig.
Geh in die Schul' und werd' sehr tüchtig!
Dann brauchst du meine Hilf' nicht mehr
und machst dir nicht das Leben schwer.

Alle: Ade, ade, auf Wiederseh'n.
Wir werden immer zu dir steh'n.
Besuch' uns, wenn du Ferien hast.
Du bist uns stets ein lieber Gast.

Auf der Wiese

Mond: Müd' und hungrig geh' ich heim.
Ganz blaß geworden ist mein Schein.
Doch morgen nacht in alter Helle,
steh' ich als Licht erneut zur Stelle.

Sterne: Viele Augen seh'n uns funkeln,
denn wir blitzen hell im Dunkeln.
Doch wenn wir den Morgen seh'n,
müssen wir zur Ruhe geh'n.

Sonne: Vorbei ist nun die lange Nacht
mit ihrer großen Sternenpracht.
Der Mond geht schnell nach Hause
und macht vom Leuchten Pause.

Ich bringe jetzt den hellen Schein
und strahle euch ins Herz hinein.

Heut' fühle ich mich ausgeruht
und guck' gleich, was sich d'runten tut
auf diesem runden Erdenball.
Neugierig bin ich allzumal.

Doch will ich erst mit meinen Strahlen
den Horizont ganz rot bemalen,
damit die vielen Blumen wissen,
daß sie schleunigst aufsteh'n müssen.

Aufgewacht und nicht gezaudert!
Seht, der Wind, der mit euch plaudert,
bläst schon seine Backen auf
und beginnt die Jagd, schnauf, schnauf.

Auch ihr Tiere weit und breit,
merkt euch, es ist höchste Zeit,
daß ihr eu're Glieder rüttelt
und die Faulheit daraus schüttelt.

Blume 1: Mir wird so warm an meinen Blättern.
Ich werd' ein wenig höher klettern,
um festzustellen, was so bitzelt
und mich in meiner Nase kitzelt.

Blume 2: Regt sich da 'was zu meiner Linken.
Ich kann nichts sehen, gar so blinken
die frechen Strahlen mir in's Gesicht.
Nein! Aufstehen will ich noch nicht.

Ich mache lieber gleich im Nu
die Blütenblätter fester zu.
Soll doch die Sonn' erst and're necken.
Mich kann sie ja dann später wecken.

Blume 3: Aha, ein neuer Morgen zieht herauf.
Da mach' ich rasch die Blüte auf.
Ein jeder Strahl der lieben Sonne
ist für mich täglich eine Wonne.

Die dunkle Nacht ist immer kühl
und viel zu lang für mein Gefühl.
Ich streck' mich gleich und reck' die Glieder,
bevor die Wärme schwindet wieder.

Blume 4: O, hab' ich schön geträumt heut' nacht
und immerfort dabei gedacht,
ich wär' ein Vogel und könnt' fliegen –
statt dess' – muß ich hier ruhig liegen.

zu Blume 3: Frau Nachbarin, ei, guten Tag.
Das ist ein Wetter, wie ich's mag.
Da steigt der Saft in alle Adern.
Mit keinem könnte ich jetzt hadern.

Biene: Schnell zu den Blüten, summ, summ, summ.
Ich komme gar nicht mehr herum,
die Blüten alle zu bestäuben.
Ihr Duft will schier mich fast betäuben.

Blume 2: Flieg' schnell zu mir, du kleine Biene
und mach' nicht eine solche Miene,
denn – ich will mich ja gar nicht loben –
hab' besten Nektar aufgehoben.

Biene: Ich bin schon unterwegs zum Sammeln.
Kein Tropfen Nektar soll vergammeln.
Heut' hab' ich weite Hosen an,
in die ich recht viel packen kann.

Schmetterling: Von einer Blume zu der ander'n
will ich den ganzen Tag nur wandern.
Ich gaukle hin, ich gaukle her.
Ich nasch' mal wenig, manchmal mehr.

Wenn ich dann satt vom süßen Saft,
die Flügel schlage voller Kraft,
dann möchte ich mit keinem tauschen
und nur dem Grillenzirpen lauschen.

Grille: Wer spricht denn da von meinem Geigen.
Erst gestern spielt' ich auf zum Reigen.
Ich übe täglich viele Stunden.
Die Blumen können das bekunden.

Blumen alle: Spiel, liebes Grillchen, uns ein Lied,
das uns fast aus dem Boden zieht.
Schnell, zugefaßt, reicht euch die Hand
und flink gebogen und gewandt.

Maulwurf: Was ist denn das für ein Gefiedel?
Wer singt in aller Früh' ein Liedel?
Ich spitz' 'mal aus dem Bau geschwind'
ob ich die Störenfriede find'.

Die Blumen sind's, wie ich gedacht.
Da wird gehüpft, getanzt, gelacht.
Die faulenzen den ganzen Tag.
Ich grab' die Erde auf mit Plag'.

Ich wühle täglich mit dem Spaten
in Erd' und Steinen muß ich waten.
Doch ist dies etwas, das mich freut.
Ich liebe doch die Dunkelheit.

So sollen sie da draußen springen
und müßig ihre Zeit verbringen.
Ich steig' hinab in meine Gänge
und grabe neue, jede Menge.

Bevor ich mich jedoch verziehe
und diesem schlimmen Lärm entfliehe,
häuf' ich vor meinem Loch die Erde,
damit ich nicht belästigt werde.

Maus: Ein Körnlein hier, ein Körnlein dort.
Hier ist für mich der rechte Ort.
Es ist das reinste Schlemmerland.
Mein Bauch ist voll fast bis zum Rand.

Ach, guten Tag, ihr seid ja fröhlich
und eine Hitz' ist das allmählich.
Gibt's bei euch einen Grund zum Feste?
Ein Tanz am Morgen ist das Beste.

Blumen: Wir sind nur glücklich, froh und heiter
und wollen tanzen, sonst nichts weiter.
Willst du die Beine einmal heben,
kannst du dich her zu uns begeben.

Maus: Ich komme gern in eu're Mitte.
Doch hab' ich eine kleine Bitte.
Tanzt möglichst nicht so wild, so toll,
denn ich hab' g'rad den Magen voll.

Blumen und Tiere: Komm endlich, jamm're nicht so laut.
Du hast das doch schon längst verdaut.
Stets, wenn wir dich bei uns hier seh'n,
bewegen sich bei dir die Zähn'.

Maus: Mich überkommt, ich geb's ja zu,
wenn ich Eßbares seh', im Nu,
ein Riesenhunger, welche Plag',
daß ich ununterbrochen nag'.

Frosch: Wer spricht denn da vom Essen, wer?
Der bringe mir gleich Leck'res her.
Ich bin vom Teich hierher gehopst
und hab' nicht eine Flieg' gemopst.

Dabei könnt' ich wohl zwanzig fressen
und mich vor Hunger ganz vergessen.
So geht mir das stets nach den Proben.
Ja, unser Froschkonzert gilt es zu loben.

Ich bin ein Künstler von Format,
der Gold in seiner Kehle hat.
Ich quak' gefühlvoll laut und leise
und nehm' es auf mit jeder Meise.

Grille: O weh, ich kenne dein Gequake.
Es ist für alle eine Plage,
die in der Näh' des Teiches wohnen.
Sie können nie die Nerven schonen.

Frosch: So 'was behaupten böse Zungen.
Ich überhör' Beleidigungen.
Doch sag' ich jetzt auf Wiederseh'n.
Ich muß noch ins Theater geh'n.

Biene: Nun ist er fort, der alte Quaker.
Ein jeder kennt ihn als Versager,
denn er singt falsch und gar nicht toll.
Was Dur sein soll ist bei ihm Moll.

Grille: Ja, ja, ja, ja, so ist das eben.
Wer angibt, der hat mehr vom Leben.
Und Frösche, so wie unser Paul,
die haben meist ein großes Maul.

Blumen: Seht dort im Gras die spitzen Ohren,
die sich fast in den Himmel bohren?
Das kann nur Meister Lampe sein.
Vielleicht kommt er, wenn wir ihm schrei'n.

Alle: Hallo, Langohr, kannst du hören?
Hier bei uns gibt's süße Möhren.
Laß die bitt'ren Gräser sein,
erzähl' uns etwas, das wär' fein.

Lampe: Nun ja, es ist für mich kein Schaden.
Ihr habt mich freundlich eingeladen.
So komme ich auf einen Sprung.
Ein kleines Schwätzchen erhält jung.

Ich sage euch, der Sohn vom Igel,
darauf geb' ich euch Brief und Siegel,
kommt nie in das Gymnasium,
denn er ist faul und nicht bloß dumm.

Die Tochter vom Herrn Löwenzahn,
die lebt in dem verrückten Wahn,
sie wär' die schönste auf der Wiese.
Dabei ist sie bloß dick, die Süße.

Die Weinbergschnecke traf ich gestern.
Sie wollte schnell zu ihren Schwestern.
Ich sah sie heut' am gleichen Ort.
Sie ist wohl morgen auch noch dort.

Dem Junikäfer, welcher Schreck,
kam vor zwei Tag' die Brille weg.
Nun kann er nicht mehr sicher fliegen
und muß daheim im Bette liegen.

Alle: O, sind das schöne Neuigkeiten.
Du kommst herum zu allen Zeiten.
Wir könnten stundenlang dir lauschen
und Möhren für Geschichten tauschen.

Lampe: Ich bin geschmeichelt, ich geb's zu.
Geschichten fall'n mir ein im Nu.
Doch ich kann nun nicht länger weilen,
denn zu dem Krautfeld muß ich eilen.

Ade, ihr Lieben, bleibt schön brav
und hütet euch vor Kuh und Schaf
und du vor Speck und Mausefallen.
Das Beste wünsche ich euch allen.

Sonne: Da hoppelt er, der alte Schreier.
Er ist ein Lügner, hol's der Geier,
weil er nur über and're klatscht
und meist in fremden Gärten nascht.

Doch halt, dort springt ein neuer Gast,
in Riesensätzen und in Hast,
zielstrebig in den trauten Kreise.
Ich lausche gern' auf meine Weise.

Die Strahlen ruf' ich schnell zurück,
und hab' ich nur ein bißchen Glück,
so fährt ein Wolkenschiff vorbei.
Ich bin verschwunden, eins, zwei, drei.

Heuschrecke: Ein Sprung, ein Satz, zwei Meter weit.
Mir ist kein Hindernis zu lang, zu breit.
Ich üb' für die Olympiade.
Wär' ich nicht dort, es wäre schade.

Grille: Das ist ja toll, du bist ein Könner
und unter uns der beste Renner.
Ein Ritt auf deinem schlanken Rücken,
das könnte sogar mich entzücken.

Maus: Mir wär' der Ritt viel zu geschwinde.
Ich geh', ich sage es gelinde,
lieber zu Fuß, auf Schusters Rappen.
D'rum führ' ich einen Schuh im Wappen.

Heuschrecke: Ich sehe schon, ihr wollt nicht hasten.
Ich aber kann nicht ruh'n, noch rasten.
Mir liegt die Springerei im Blut.
Doch jetzt ade, ich nehm' den Hut.

Blumen: Nun sind wir doch ein wenig müde.
Wir schließen Blätter und die Blüte
und halten einen Mittagsschlaf.
Bleibt weiter lustig und schön brav.

Grille: Auch mir fehlt, scheint's, ein bißchen Ruhe.
Deshalb, eh' ich 'was Neues tue,
so lebt denn wohl. Ich kriech' zurück
und such' beim Schlaf im Bau mein Glück.

Maus: Dann kann ich auch nach Hause geh'n,
denn ich muß nach den Kindern seh'n.
Wenn sie noch in den Betten liegen,
so werden sie ihr Fett schon kriegen.

Schmetterling: Ich mach' mich auf zur nächsten Wiese,
auch dort steh'n Blüten voller Süße.
In die steck' ich den langen Rüssel.
Am liebsten sind mir Himmelsschlüssel.

Sonne: Kaum mache ich die Augen zu,
verändert sich die Welt im Nu.
Die Wiese liegt da öd' und leer,
und ich hör' kein Gelächter mehr.

Nun gut, so sollen sie denn schlafen.
Ich wärm' die Bösen wie die Braven.
Ich ziehe fort auf meinem Kreise,
denn vor mir liegt 'ne lange Reise.

Bis wir uns einmal wiederseh'n,
sollt ihr derweil' nach Hause geh'n.
Vielleicht trefft ihr, wer weiß, die Tiere,
nach ihrem Mittagsschlaf um viere.

Meister Lampe erzählt interessante Neuigkeiten
4. Schülerjahrgang

Aufruhr im Wald

Tanne: Ich bin der schlanke Tannenbaum.
Mich übersieht man, denk' ich, kaum.
Ich steh' gerad' bei größter Hitze.
Nur winters trag' ich eine Mütze.

In meinen Ästen ist kein Platz
für Ruhestörer wie den Spatz.
Ich liebe Amsel, Fink und Meise,
denn stets erfreut mich ihre Weise.

Eiche: Ich stehe hier mit and'ren Eichen.
Kein Sturm, kein Hagel läßt mich weichen.
Mein Stamm ist tausend Jahre alt.
Ich bin der Herr in diesem Wald.

Mein Geäst ist eine Krone,
und meine Blätter sind nicht ohne,
und meine Früchte, rund und klein,
frißt Dachs und Reh und Hirsch und Schwein.

Buche: Ich gehör' zur Art der Buchen.
Mich braucht man nicht im Wald zu suchen,
denn auch mein Wuchs ist hoch und breit
und meine Stimme hört man weit.

Der Wind kann meinen Stamm nicht biegen.
Er kann nur meine Blätter wiegen
und ist mir sonst ein lieber Gast,
der pfeifend saust von Ast zu Ast.

Tanne: Grüß Gott, grüß Gott, du alte Eiche!
Schön, daß ich dich jetzt g'rad erreiche,
denn ich muß es dir heute klagen,
was manche Leut' im Walde wagen.

Es geschah vor ein paar Stunden,
daß zwei Strolche mich geschunden.
Nun hab' ich ein Loch im Rücken
und kann mich nur noch mühsam bücken.

Buche: Deinen Zorn versteh' ich recht.
Gestern ging's auch mir recht schlecht.
Vertrocknet ist mein frisches Laub
durch üblen Qualm und Ruß und Staub.

Aus einem dicken, langen Rohr
kommt schwarzer Rauch wie nie zuvor
und senkt sich auf mein Blätterkleid.
Die schlechte Luft bin ich bald leid.

Eiche: Du hast ja recht mit den Beschwerden.
Ich glaub', es wird nicht besser werden.
Ganz nah' an uns'rem Waldesrand
haben Fabrikanten ihren Stand.

Tanne: Es stimmt, die rauchen und sie stinken,
und niemand kann das Wasser trinken,
das sie in uns're Flüsse leiten.
Ich sehe vor mir schwere Zeiten.

Eiche: Ich weiß das alles schon sehr lange
und denk' ich d'ran, so wird mir bange.
Wenn dieses Tun so weitergeht
in hundert Jahr' kein Baum mehr steht.

Specht: Ich bin ja auch beinah' am Weinen,
denn mich bewarf man heut' mit Steinen.
Nie mehr werd' ich in Ruhe hausen
und meine Mahlzeit still verschmausen.

Geschrei und Lärm dringt mir ans Ohr,
und wo es einsam war zuvor,
dort findet man jetzt Urlaubsgäste,
Verpackungen und Speisereste.

Fuchs: Davon kann ich ein Liedlein singen
und leicht dafür Beweise bringen.
Die Dosen, Becher, Büchsen, Flaschen
liegen zu Hauf' in Plastiktaschen.

Ein Schuttberg türmt sich vor der Höhle,
und es ist wahr, was ich erzähle:
Mein Jüngster mußte elend sterben.
In seinem Bauche steckten Scherben.

Eichhörnchen: Das ist fürwahr ein schlimmer Tod.
Wir kleinen Tiere leiden Not.
Was uns die Menschen hinterließen,
ist nur mit Vorsicht zu genießen.

Ich habe Futter angerührt
und dann am eig'nen Leib verspürt,
daß Nüsse, die man mir gestiftet,
verdorben waren und vergiftet.

zum Pilz: Hast du wohl auch noch 'was zu sagen,
zu diesen schlimmen Umweltklagen.
Vielleicht hast du es besser hier
als Blumen, Bäume und Getier.

Pilz: Ich steh' zwar ganz versteckt im Laube,
doch oft schon stieß an meine Haube
ein derber Fuß mit viel Gewicht
und schürfte ab mir das Gesicht.

Den Steinpilz, meinen alten Freund,
hab' ich ein halbes Jahr beweint.
Man riß ihn aus mit Stumpf und Stiel
und warf ihn achtlos dann zum Müll.

Sehr viele schlagen mit dem Stock
uns Pilzen gleich den Kopf vom Rock.
Sie wollen nichts als nur zerstören.
Wir können uns ja nicht 'mal wehren.

Eule: Gerade bin ich aufgewacht
und hörte, was ihr laut gedacht.
Die Menschen sind nicht nur am Tage,
selbst in der Nacht 'ne große Plage.

Motorenlärm schallt durch die Luft,
und überall wird Qualm verpufft.
Ich finde hier nichts mehr zu jagen
und muß den Brotkorb höher tragen.

Hase: Und mich fing man in einer Schlinge,
in der ich wohl noch heute hinge.
Ich hab' der Pfoten nur noch drei,
doch dafür bin ich wieder frei.

Lauf' über Wege ich bei Nacht,
so wird auf mich oft Jagd gemacht.
Das Autolicht trifft wie ein Blitz,
wenn ich beim Kohl im Felde sitz'.

Fuchs: Das ist ein furchtbares Geschick.
Wer hier im Walde lebt, braucht Glück.
Es wird ihm nur Gefahr beschert.
Wir sind dem Menschen gar nichts wert.

Förster: Ihr Waldbewohner habt ja recht.
Euch geht es wirklich ganz schön schlecht.
Ich will euch helfen, wo ich kann,
doch ich bin nur ein einz'ger Mann.

Ich räume, wo ich geh' und steh',
das weiß im Walde jedes Reh,
den Abfall weg und das Gerümpel
und säub're jeden kleinen Tümpel.

Von meiner Arbeit, Müh' und Plag',
da ist, wenn ich euch's ehrlich sag',
am nächsten Tag nichts mehr zu seh'n.
So kann das doch nicht weitergeh'n.

Eiche: Wir wollen nun nicht weiter klagen
und brauchen auch nicht zu verzagen.
Vielleicht kann auch der Wald sich wehren
und diesen Menschen Achtung lehren.

Schnell überlegt und nachgedacht,
Gemeinschaft hat schon viel vollbracht.
Wir wollen wieder Ruhe haben
und Frieden wie in alten Tagen.

Sprecher: Und alle dachten nach ganz fest,
wie sich das praktisch machen läßt.
Nach einer Weile schon, da baten
die meisten etwas vorzuschlagen.

Tanne: Ich glaub', wir zieh'n von Baum zu Baum
um uns're Heimat einen Zaun,
der über mannshoch ist und dick.
Das hält die Leut' bestimmt zurück.

Buche: Mein Vorschlag wär' ein tiefer Graben
vor uns'rem Wald, wie's Städte haben.
Er wäre für die Menschen alle
'ne riesengroße Mausefalle.

Fuchs: Ich könnte mich heimlich verstecken
und Waldbeschmutzer bös' erschrecken.
Ich könnt' sie in die Waden beißen
und ihnen ihre Hos' zerreißen.

Eichhörnchen: Ich werfe von den hohen Buchen
den Leuten, die dort Schatten suchen,
die Nüsse auf die dummen Köpfe.
Vielleicht verschwinden dann die Tröpfe!

Tanne: Dasselbe mach' ich mit den Zapfen,
wenn sie nicht auf den Wegen stapfen.
Ein Zapfen wiegt ein bißchen mehr,
und größer ist deshalb die Lehr'.

Pilz: Wir können diese Leut' nur warnen,
indem wir uns als Giftpilz tarnen
und bergen uns vor jeder Sicht,
dann gibt es nie mehr Pilzgericht.

Specht: Den Rowdies, die auf Ordnung pfeifen,
hacke ich Löcher in die Reifen.
Sie können dann ihr Auto schieben
und raten, wo die Luft geblieben.

Eiche: Fürwahr, ihr habt gut überlegt
und laut gesagt, was euch bewegt.
Doch prüft man all' die Rederei'n,
so können sie nicht Lösung sein.

Wir dürfen uns nicht hinter Mauern
verstecken und gar selbst bedauern.
Auch Kämpfen bringt uns niemals weiter.
Wir brauchen Menschen, die gescheiter!

Wir brauchen Menschen, die einsehen,
daß Übles sie im Wald begehen,
die die Natur nicht nur benützen,
sondern sie achten, pflegen, schützen.

Eiche: Solche Worte hör'n wir gern.
Das ist, glaub' ich, des Pudels Kern.
Ein einz'ger Weg bleibt uns nur offen,
auf mehr Verständnis bald zu hoffen.

Alle: Merkt euch, ihr Menschen jung und alt,
Waldfrevel macht sich nicht bezahlt.
Wir sollten zueinandersteh'n
und uns in Freundschaft wiederseh'n.

Eule mit „Hampelmannprinzip": doppelte Flügelbewegung
4. Schülerjahrgang

Die Fahrt über den Teich

Sprecher: Es war an einem lauen Sommerabend, als die Frösche am Teich ihr großes Standkonzert anstimmten. Über Wiesen und Felder hörte man den vielstimmigen Chor. Immer wieder hüpfte ein begeisterter Frosch vor Freude aus dem Wasser und plumpste sogleich zurück. An diesen Teich kam eine kleine Feldmaus. Sie wollte auf die andere Seite, konnte aber nicht schwimmen.

Maus: Was soll ich nur machen? Ich soll meine Tante Speckfang auf der anderen Seite des Teiches besuchen, und das letzte Mäuseschiff ist mir vor der Spitznase weggefahren. Der Weg um den Teich herum dauert ja drei Tage, aber schwimmen kann ich auch nicht. Was mache ich bloß, ich arme Maus?

Sprecher: Die Maus setzte sich hin und dachte lange nach. Da schwirrte ein Käfer heran und sagte:

Käfer: Warum läßt du denn die Ohren hängen, kleine Maus, hast du dich wohl verirrt?

Maus: Ach ja, wenn es nur das wäre, da wüßte ich mir schon zu helfen. Aber ich muß auf die andere Seite und kann nicht schwimmen!

Käfer: Tja, tja, da weiß ich dir natürlich auch keinen Rat. Ich schicke dir am besten eine Libelle vorbei, die wohnt hier und kennt sich aus.

Sprecher: Nicht lange darauf surrte eine Libelle heran.

Libelle: Guten Tag, guten Tag, liebe Frau Maus, oder Fräulein . . .? Ich kann mir schon denken, was du für Sorgen hast! Dir ist das Schiff weggefahren, und jetzt hast du niemanden, der dich hinüberbringt. Normalerweise könntest du mit mir fliegen, aber seit dem letzten Winter habe ich so starken Rheumatismus in dem linken Flügel, daß ich mich selbst kaum in der Luft halten kann. Ich weiß dir aber einen Rat. Laßt uns doch den Kapellmeister der Frösche herbeirufen!

Maus und Libelle: Herr Kapellmeister, Herr Kapellmeister, würden Sie bitte herkommen!

Frosch: Wer stört mich hier beim Musizieren?

Sprecher: Die Maus erzählte von ihrem Mißgeschick.

Frosch: Wenn es weiter nichts ist, Verehrteste, da kann ich dienen. Klammere dich nur getrost an mein Hinterbein, so werde ich schon mit dir über den Teich schwimmen.

Sprecher: Obwohl die Maus vor Angst schlotterte, packte sie schließlich doch das kalte Hinterbein des Frosches und ließ sich davonschleppen. In der Mitte des Teiches drehte sich der Frosch um und sagte:

Frosch: Soll ich dir einmal zeigen, was ich für ein toller Schwimmer bin?

Maus: Nein, nein, lieber nicht.

Sprecher: Aber der Frosch ließ sich nicht stören, und begann, plötzlich ganz wild mit den Hinterbeinen zu strampeln und tauchte unter.

Maus: Hilfe, Hilfe . . .!

Sprecher: Doch der Frosch trieb es immer stärker vor Übermut. Die Maus hatte kaum Zeit, Luft zu holen und schluckte ein Maul nach dem anderen voll Wasser. Schon waren sie fast am Ufer angelangt, da fuhr plötzlich ein langer Schnabel auf den Frosch herab, packte ihn und hob ihn aus dem Wasser. Die Maus rutschte vom Frosch ab, landete am Ufer und verkroch sich schnell unter einem dicken Grasbüschel.

Frosch: Quak, quak, so helft mir doch! Meister Adebar, der Storch will mich fressen, mich, den besten Froschkapellmeister der Welt! Hilft mir denn niemand?

Sprecher: Aber keiner hörte sein jammervolles Rufen, sein eigenes Froschorchester am Teich spielte zu laut und war zu sehr mit dem Musizieren beschäftigt. Erst als der Storch seine Mahlzeit verzehrt hatte und davonstolziert war, traute sich die kleine

	Maus wieder ans Tageslicht und setzte ihre Reise fort. Erleichtert seufzte sie auf und dachte:
Maus:	Gott sei Dank, ich bin noch einmal mit dem Leben davongekommen, um ein Haar wäre ich auch im Magen des Storches gelandet! Aber so ist es, man soll eben nicht auffallen. Wäre der Kapellmeister im Wasser nicht so übermütig geworden, hätte uns der Storch wahrscheinlich nie entdeckt. Da kann ich nur sagen: Übermut tut selten gut!
Sprecher:	Die Maus war nun sehr froh, daß sie am anderen Ufer angelangt war. Nachdem sie sich von ihrem großen Schrecken, der ihr eigentlich noch immer in den Gliedern steckte, ein bißchen erholt hatte, machte sie sich eilig zu ihrer Tante Speckfang auf, um sich nicht noch mehr zu verspäten. Aus der Ferne hörte sie das Froschorchester traurig spielen. Es erzählte so allen Tieren, was mit dem Kapellmeister geschehen war. Endlich hatte die Maus ihre Tante erreicht.
Tante Speckfang:	Na da bist du ja! Die ganze Zeit habe ich auf dich gewartet. Wo hast du dich denn wieder herumgetrieben?
Maus:	O, liebe Tante, das ist eine lange Geschichte! Ich werde sie dir beim Kaffeetrinken erzählen.
Sprecher:	Und die Maus erzählte, erzählte und erzählte.
Tante Speckfang:	Da hast du wirklich noch einmal Glück gehabt! Trotzdem soll es dir eine Lehre sein!
Chor:	Übermut tut selten gut!

Mäuschens Reise

Sprecher:	Drüben im Feld wohnte eine Familie kleiner Feldmäuse. Ein Vater, eine Mutter und vier Kinder. Das jüngste Kind war besonders ungeduldig und neugierig.
Vater:	Unsere Vorräte sind nun bald aufgebraucht, es wird Zeit, daß das Frühjahr kommt, damit wir wieder Nahrung finden.
Jüngste Maus:	Der Winter dauert heuer entsetzlich lange, und mir ist es in unserem Mauseloch viel zu langweilig.
Mutter:	Sei doch nicht so ungeduldig und sei froh, daß du noch nicht arbeiten mußt, dann kommt auch wieder die Zeit, in der wir uns vor unseren Feinden hüten müssen.
Mausgeschwister:	Was die nur hat, noch fehlt es uns an nichts und keiner braucht vor Feinden Angst zu haben. Die wird sich noch wundern, wenn Katzen, Bussarde oder Igel Jagd auf uns machen.
Jüngste Maus:	Ach was, so schlimm wird das schon nicht werden. Im Gegenteil, ich wäre froh, wenn man endlich wieder hinaus könnte. Ich bekomme hier nämlich gleich Platzangst.
Vater:	Höre zu schimpfen auf, du wirst dich noch umsehen!
Jüngste Maus:	Ich will jetzt weg von hier, in die weite Welt hinaus. In diesem finsteren Loch gefällt es mir nicht mehr.
Mausgeschwister:	Dann mach' endlich, daß du fortkommst, dein Jammern geht uns allmählich auf die Nerven. Doch sei auf der Hut, in der Welt lauern viele Gefahren, besonders dann, wenn es Frühling wird und manche unserer Feinde aus dem Winterschlaf erwachen.
Jüngste Maus:	Auf Wiedersehen, ich komm' erst wieder zu euch, wenn ich alles gesehen habe.
Sprecher:	Und so machte sich das ungeduldige, neugierige Mäuslein auf den Weg.

Bald wurde es Frühling, die Sonne schmolz das Eis und die Knospen sprangen auf. Die Natur begann zu erwachen. Als das Mäuslein auf eine grüne Wiese kam, traf es einen Hasen.

Hase: Grüß Gott du kleine Maus, wo kommst du denn in aller Frühe schon her?

Maus: Grüß Gott, grüß Gott, ich bin schon lange unterwegs. Ich hielt es zu Hause nicht mehr aus, es ist bei uns viel zu eng. Darum lief ich weg, um etwas von der Welt zu sehen.

Hase: Das war sicherlich eine gute Idee von dir, aber gib acht, daß du nicht gleich aufgefressen wirst!

Sprecher: Die Tiere verabschiedeten sich voneinander und jedes nahm einen anderen Weg.

Frosch: Quak, quak, quak, ich grüße dich, du kleine Maus, wohin des Weg's?

Maus: Ich möchte mir die Welt ansehen und habe es eilig.

Frosch: Vorsicht, Vorsicht, du vorwitziges Ding! In der Luft kreist ein Bussard, der wird gleich herunterstürzen und dich verschlingen!

Maus: O danke, lieber Frosch, danke! Ich muß mich gleich verstecken.

Sprecher: Das war eine große Aufregung für unser kleines Mäuschen, das sich zitternd vor Schreck unter einem Baumstamm versteckte.

Maus: So eine Aufregung am frühen Morgen. Hoffentlich erwischt er mich nicht mehr!

Sprecher: Das Mäuschen wartete in seinem Versteck, bis dieser Feind verschwunden war und machte sich erst dann wieder auf den Weg.

Grille: Liebes Mäuschen, ei, was bist du denn gar so aufgeregt?

Maus: Ich bin gerade noch dem Bussard entwischt, der in der Luft seine Augen auf mich richtete.

Grille: Da hast du ja wirklich Glück gehabt, kleines Mäuschen. Sei froh und lerne daraus. Du darfst dich eben nicht so offen zeigen!

Maus: Du hast recht, Grille. Ich muß schauen, daß ich weiterkomme. Auf Wiedersehen! Ich habe noch einen weiten Weg vor mir.

Sprecher: Kaum hatte sich das Mäuschen von dem Schrecken erholt, lauerte schon die nächste Gefahr. Hinter der Hecke kroch langsam ein Igel hervor.

Maus: O guten Tag, Herr Igel!

Igel: Guten Tag, guten Tag. Das ist ja eine feine Sache. Kaum bin ich aufgestanden und schon steht ein saftiger Mäusebraten vor mir.

Maus: Ach, bitte, laß mich am Leben. Ich bin doch nur eine ganz winzige Maus und habe kaum Fleisch an meinen Knochen.

Igel: Da hättest du dich eher vorsehen müssen. Ich habe jetzt Hunger.

Maus: Bitte, habe Mitleid mit mir. Bitte, bitte!

Igel: Nun gut, was soll's, schau', daß du fortkommst und lasse dich nie wieder hier blicken, du aufgeregtes Etwas.

Maus: Danke, danke.

Sprecher: Das Mäuschen hüpfte ganz erschöpft in einen alten Mäusegang, um sich auszuruhen. Da schlich sich eine gefährliche Katze heran.

Maus: O Gott, komme ich denn heute wirklich nicht mehr zur Ruhe? Wer lauert nun auf meine Mäuselende? Man traut sich ja fast nirgends mehr wohin.

Sprecher: Zitternd saß die kleine Maus nun beinahe schon unter den Krallen der Katze.

Maus: O, wäre das schön, wenn ich endlich wieder bei meinen Eltern und Geschwistern sein könnte. Das enge Loch nähme ich gerne in Kauf, wenn ich nur in Ruhe leben könnte. Wie dumm ich doch war!

Katze: Miau, miau, das wird dein Ende sein!

Maus: Wenn du mich am Leben läßt, zeige ich dir, wo du frische, sahnige Milch findest. Du kannst dort so viel schlecken, daß du satt wirst.

Katze:	Das ist kein schlechter Vorschlag. Also gut, gehe voraus.
Sprecher:	Schweißgebadet kroch die Maus aus ihrem Versteck hervor und führte die hungrige Katze zum Bauernhof. Danach verabschiedete sie sich und rannte, so schnell sie ihre Beine tragen konnten, davon.
Maus:	Ich bin gespannt, wer es noch alles auf mich abgesehen hat. Ich bin schon fast am Ende. Wie sicher wäre ich doch bei meinen Eltern und Geschwistern.
Sprecher:	Sofort trat sie nun ihren Heimweg an und achtete darauf, ihren Feinden zu entgehen.
Eltern:	Grüß dich Gott! Wie war denn deine Weltreise? Erzähle, wie es dir ergangen ist, und was du alles erlebt hast!
Sprecher:	Ganz übermüdet und erledigt fing das kleine Mäuschen an, von seinen Erlebnissen zu erzählen.
Maus:	Ich bin sehr froh, wieder bei euch zu sein. Nie mehr gehe ich fort von hier, und wenn der Platz auch noch so eng ist. Ich bin dankbar, daß ich noch am Leben bin.
Eltern:	Aber diese Erfahrung mußtest du eben erst einmal machen.

Die Maus bittet den Igel um Gnade

Die Verwandlung der Räuber

Sprecher:
Es hausten einst vor langer Zeit
drei Räuber schrecklich weit und breit.
Schnipp hieß der erste, Schnapp der zweite,
Schnupp war der dritte und Gescheite.

Sie wohnten tief im dunklen Wald,
wo Tannen hoch und Fichten alt;
und konnten dort in aller Ruh'
auf Streiche sinnen immerzu.

Doch einmal hatten sie auch Pech,
es war nach ausgedehnter Zech',
als sie am Heimweg lauerten
und sich ins Dickicht kauerten.

Sie warteten geschickt verborgen
auf reiche Beute bis zum Morgen.
Als plötzlich Schnupp in weiter Ferne
vom Wandersmann sah die Laterne.

Ramundoli sein Name war.
Er ahnte nichts von der Gefahr
und lief vergnügt den Weg dahin,
auf den die Sonne goldgelb schien.

Schnupp:
Macht euch bereit, jetzt kommt er gleich,
den machen wir zu einer Leich'!
Stürzt rasch hervor und greift ihn an!
Seid ihr dann schlapp, häng' ich mich d'ran.
So werden wir des Wand'rers Herr,
das geht ruck-zuck, ohne Geplärr.

Sprecher:
Der Wand'rer kam ganz nah und näher.
Er war fast greifbar für den Späher.
Da, plötzlich tönt' ein schriller Pfiff,
drei Räuber hatten ihn im Griff.

Ramundoli:
O großer Schreck, was ist hier los?
Sind diese Riesen aus dem Moos
ein Hexenspaß – ganz einerlei,
hier hilft mir nur noch Zauberei.

Räuber:
Gib her dein Geld, sonst bist du tot!

Sprecher:
Der Wand'rer war in arger Not.

Ramundoli: Drei gegen einen, sapperment –
dem bösen Spiel setz' ich ein End'.

Sprecher: Die Bösewichte stört' das nicht,
sie lachten frech ihm ins Gesicht.
Sie zerrten hin und zerrten her,
Ramundoli konnt' fast nicht mehr.

Ramundoli: Die Tat, die soll euch schlecht bekommen.
Ich bin noch nicht so stark benommen,
daß ich nicht wüßte einen Fluch
aus meinem großen Zauberbuch.

Sprecher: So dacht' der überfall'ne Mann
und fing ganz laut zu sprechen an:

Ramundoli: Zarrissimo, zarrissima,
ihr seid dort, und ich bin da.
Ihr habt Herzen wie die Steine,
deshalb seid von nun ab Schweine!

Grunzt wie dieses Borstenvieh,
steht im Schmutz bis an die Knie!
Erst wenn ihr diese Tat bereut,
werdet ihr vom Fluch befreit!

Zarrissima, zarrissimo,
ihr seid traurig, ich bin froh.

Sprecher: Die Räuber wurden schreckensbleich,
und ihre Knie wurden weich,
denn schon begann die Zauberei,
es wuchsen Schwänze allen drei'.
Und bis sie sich kaum umgeseh'n,
da war's um die Figur gescheh'n.

Sprecher: Der Wand'rer lachte, war befreit.
Die Räuber taten ihm nicht leid.
Solch eine Strafe war gerecht,
für Diebsgesindel, feig und schlecht.

Ramundoli zog schnell von hinnen,
die Schweine hüpften wie von Sinnen,
dem Zauberer jetzt hinterher
und bettelten ihn ständig mehr:

Räuber: So laß uns wieder Menschen sein,
wir schenken dir ein Faß voll Wein!
Wir geben dir all' uns're Schätze
und führen dich an schöne Plätze.
Wir bringen dir das schnellste Pferd,
ein Tier, das tausend Taler wert.

Sprecher: Der Meister blieb ganz ungerührt,
von diesen Gaben nicht verführt.

Ramundoli: Ich frage euch, was soll dies' Schenken?
versucht, darüber nachzudenken,
was ihr getan mit mir zuvor,
dann leih' ich gerne euch mein Ohr!

Sprecher: Da setzten sich die Schweine hin,
der Fluch kam Schnupp nun in den Sinn.

Schnupp: Bereuen sollt ihr eure Taten

Sprecher: fing er den ander'n an zu raten.

Ein jedes Räuberschwein wurd' leise,
gedachte auf die eig'ne Weise
der üblen Dinge in den Jahren,
und wie gemein sie immer waren.

Der Zauberer sah ihre Reue.
In ihren Augen las er Treue
zu dem, was sie sich vorgenommen.
Da war er ihnen wohlgesonnen.

Er sprach auf's neu' die Zauberei,
und schon war auch der Fluch vorbei.
Vergessen war der üble Spuk,
und diese Lehre war genug.

Die Räuber wetzten nie mehr Messer.
Sie lebten brav und immer besser.
Und kam zum Wald ein Wandersmann,
so boten sie ihm Dienste an.

Kopf des Zauberers Ramundoli

Der Räuber Bauz

Bauz: Ich heiße Bauz und bin ganz schlau,
ich kenne viele Tricks genau.
Ich überfalle viele Leute
und mache dadurch reiche Beute.
Schon mancher wollte mich einfangen,
und mußte um sein Leben bangen.
Ich kann mich retten, kann mich wehren
und werde jedem dieses lehren.

Sprecher: Überall war Bauz bekannt, in jeder Stadt, im ganzen Land. Sogar im kleinsten Ort kannten die Leute den Räuber Bauz. Ganz besonders toll trieb er es, als in einer Stadt gerade Jahrmarkt war.

Händler 1: Kommt her, Leute, kauft ein, Servietten, Handtücher, Geschirr, heute alles zum halben Preis.

Händler 2: Heiße Würstchen, heiße Würstchen!

Sprecher: Viele Leute drängten zu den Ständen, kauften ein, schwatzten miteinander oder sahen den Händlern zu, wie sie ihre Ware anpriesen.

Bauz: Schnell! Die Frau dort wird sich wundern, wenn sie einkaufen möchte, dann ist ihr Geldbeutel schon längst verschwunden! Ein flinker Griff, dann hab' ich ihn!

Sprecher: Bauz griff zu, und im Nu ließ er sein Beutestück in seiner Jackentasche verschwinden. Die Frau selbst merkte nichts davon, doch der Mann, der neben ihr stand, rief sofort:

Mann: Haltet den Dieb, haltet ihn, er hat einen Geldbeutel gestohlen!

Sprecher: Bis die Leute aufmerksam wurden, hatte sich Bauz schon längst hinter einem Haus versteckt.

Frau: Das war bestimmt Bauz, von dem hört man fast täglich in der Zeitung.

Mann: Ich verstehe nicht, daß den die Polizei nicht endlich erwischt.

Sprecher: Allmählich erholten sich die Leute von dem Schrecken, die Aufregung legte sich, und jeder ging seiner Arbeit oder seinem Vergnügen nach.

Händler 3: Lose zu verkaufen, Lose, fast jedes Los gewinnt! Greift zu, Leute, greift zu!

Händler 4: Bunte Luftballons, für jung und alt! Ganz billig. Heute nur zehn Pfennige!

Sprecher: Der Trubel wurde immer größer, die Leute lachten, kauften ein und belustigten sich. An Bauz dachte bald keiner mehr.
Das wußte er, und so verließ er sein Versteck und mischte sich erneut frech unter die Menschenmenge. Doch diesmal sollte es nicht nur eine Geldbörse sein . . .

Bauz: Der Mann dort auf der anderen Seite hat bestimmt eine dicke Brieftasche, denn seine Jacke ist ganz ausgebeult. Dem knöpfe ich das Geld ab!

Sprecher: Noch ehe Bauz das ausgesprochen hatte, stand er bereits hinter seinem Opfer, das den Händlern recht aufmerksam zuhörte.

Händler 5: Trinke davon eins, zwei, drei,
schon bist du von Husten frei!

Händler 6: Täglich ein Glas Kräutersaft, das gibt jedem wieder Kraft!

Sprecher: Plötzlich packte Bauz zu, entriß dem Mann seine Brieftasche und rannte, so schnell er konnte, davon. Bis dieser ein Wort herausbrachte, war Bauz schon im Menschengewühl untergetaucht.
Doch die Menschen in der Stadt waren vorsichtiger geworden. Jeder suchte Bauz, an jeder Ecke hing ein Steckbrief von ihm. Deshalb verließ er die Stadt und suchte sich in einer anderen Gegend einen Unterschlupf.

Sprecher: Sein Weg führte durch den Wald, und weil ihm alles so recht gelungen war, pfiff er fröhlich ein Lied vor sich hin. Die Wanderer, die ihm begegneten, grüßten ihn freundlich, da sie gar nicht ahnten, wen sie eigentlich vor sich hatten.

Bauz: Auf zum nächsten Jahrmarkt! Auch denen dort werd' ich es zeigen! Bis die schauen, bin ich schon längst über alle Berge.

Sprecher: Als er so durch den Wald eilte, traf er wieder einen Mann, den er auch für einen Wanderer hielt.

Wanderer: Grüß Gott, wie weit ist es nach Hammerdorf?

Bauz: Ein kleines Stück noch, bestimmt nicht weiter als einen Kilometer.

Sprecher: In diesem Augenblick packte ihn der Wanderer beim Kragen und rief:

Wanderer: Kommt herbei, Leute! Ich habe den langgesuchten Übeltäter! Helft mir, ihn vor den Richter zu bringen!

Sprecher: Nun wußte Bauz, daß es um ihn geschehen war, denn auf der Stelle war er von Polizisten umstellt. Es gelang ihm nicht mehr, zu entkommen.

Bauz: Was wollt ihr von mir? Laßt mich frei!

Polizisten: Natürlich ist er es, ich habe doch den Steckbrief von ihm. Er hat sich nur den Bart abrasiert, um uns zu täuschen.

Sprecher: Nun wurde Bauz von den Polizisten durch die Budenstadt geführt, damit alle Leute noch am gleichen Tag von seiner Festnahme erfuhren.

Leute: Schaut hin, er ist gefangen! Seht ihn an, man hat ihn in Eisen gelegt! Das geschieht ihm ganz recht!
Endlich kann man wieder in Ruhe bummeln, ohne bestohlen zu werden!

Der Affe als Schiedsrichter

Sprecher:
Den Hund hält man für gut und treu,
das ist euch doch bestimmt nicht neu!
Die Kinder, Häuser, teuren Sachen,
muß er bei Tag und Nacht bewachen.

Der Fuchs gilt vielen als sehr klug,
voll List und Tücke, Lug und Trug.
Man hat vor ihm ein wenig bange
und meidet ihn, wenn möglich, lange.

Zum Affen gern ein jeder geht,
wenn ihm der Sinn nach Lachen steht.
Denn dieses Tier, das wißt ihr wohl,
kann Kunststückchen gar flink und toll.

Ein Fuchs traf einmal mit dem Hund
zur gleichen Zeit auf einen Fund;
auf eine Wurst, schön groß und dick,
ein jeder hielt sie für sein Stück!

Fuchs:
Ich glaube, diese Wurst ist mein,
an ihr werd' ich mich gleich erfreu'n.
Ich habe sie zuerst geseh'n,
du kamst zu spät und kannst d'rum geh'n!

Hund:
Was, ich soll spät gekommen sein,
nein, diese ganze Wurst ist mein!
Ich sah sie schon an diesem Ort,
da warst du lange noch nicht dort!

Fuchs:
Wenn du sie willst, so hol' sie dir,
doch komm' nicht näher her zu mir!
Denn ich hab' scharfe, lange Zähne,
die schlage ich in deine Mähne!

Hund:
Du denkst wohl, ich bin schwach und feige,
komm' du heran, damit ich zeige,
wie schön noch meine Zähne blitzen,
die gleich in deinem Nacken sitzen!

Sprecher:
Ein Wort ging hin, das andere her,
bald war der Streit kein Schrei'n nur mehr.
Die beiden kämpften um den Fund,
ein jeder aus demselben Grund.

Doch unentschieden blieb das Zanken,
denn keiner wollt' im Kampfe wanken.
D'rum kamen sie bald überein,
der Affe sollte Richter sein
bei diesem aussichtslosen Ringen.
Er wußt' Bescheid in solchen Dingen.

Dorthin sah man die beiden eilen,
um diesen Gegenstand zu teilen.
Dabei war jedem klipp und klar,
daß er allein im Rechte war!

Zerzaust erschienen sie beim Affen,
noch herrschte Stillstand aller Waffen.
Sie trugen ihr Anliegen vor,
der kluge Affe war ganz Ohr.

Affe: Ihr habt wohl Streit, ihr beiden Hähne!
Ihr fletscht ja immer noch die Zähne!
Ich werde diesen Streit schon schlichten,
gerecht und weise werd' ich richten.

Sprecher: Der Affe hörte jeden an,
bevor er auf die Lösung sann.
Nach einer Weil' hob er die Hände,
sein Überlegen war zu Ende.

Affe: Ich hab' die Sach' lang durchgedacht
und mir das Denken schwer gemacht.
Die Wurst gehört, ich sag' es gleich
zum halben Teil jedem von euch.

Ich will sie deshalb gleich halbieren
und dir und ihm ein Stück zuführen.
Doch geht das nicht ohne die Waage,
ich will gerecht sein, keine Frage.

Sprecher: Der Affe biß die Wurst entzwei,
gespannt sah'n auf die Waag' die drei,
und ärgerten sich darauf sehr,
denn eine Hälfte, die wog mehr!

Hund: Ich will die kleine Wurst nicht haben,
ich will am großen Stück mich laben!

Fuchs: Das kann doch wohl nicht richtig sein,
ich trag' das große Stück nur heim!

Sprecher: So schrien sie sich neidisch an.
Ein Kampf von neuem fast begann.
Der Affe wußte wieder Rat
und setzte um ihn in die Tat.

Er biß vom größ'ren Teil ein Stück
und legte dann die Wurst zurück,
ein jedes Teil auf eine Schale,
doch stimmt' es nicht beim zweiten Male.

Affe: Ich werde das in's Reine bringen
und dieses Mal muß es gelingen!
Ich beiß' ganz schnell, so happ und schnapp
vom läng'ren Stück noch einmal ab.

Sprecher: Und wieder prüft' das Gleichgewicht
er mit verstörterem Gesicht.
Die Schale neigte sich von neuem,
den Hund und Fuchs wollt' das nicht freuen.

Sie machten lang' und längere Gesichter
und zweifelten an ihrem Richter.
Der hielt nicht ein mit seinem Tun,
biß von der Wurst, ohne zu ruh'n.

Die Enden schrumpften schnell und schneller,
bald lag nichts mehr am Wiegeteller.
Der letzte Wurstrest war verzehrt,
den Hund und Fuchs einmal begehrt.

Hund: Jetzt ist die ganze Wurst verschlungen,
und unser Teilen ist mißlungen.
Ich könnte mir die Haare raufen,
nun muß die Wurst ich teuer kaufen!

Fuchs: Sehr schlecht gemacht hast du die Sache,
ich sinne jetzt nur noch auf Rache.
Du wolltest jedem Recht verschaffen,
doch du behandelt'st uns wie Affen!

Affe: Was soll denn dieses Lamentieren,
ich brauche mich nicht zu genieren,
denn mein Schiedsspruch, der war famos.
Daß es mißlang, ist euer Los!

Hört endlich auf mit eu'rem Klagen.
Wenn ihr euch kurz zuvor vertragen,
so wär' das Ganze nicht passiert
und hätt' zu bess'rem End' geführt!

Sprecher: Nachdem die Schelte sie empfangen,
sind Fuchs und Hund davongegangen.
Ein jeder zog die Rute ein
und hielt den Affen für gemein.

Und die Moral von der Geschicht':

Wenn zwei sich streiten, freut sich der dritte.

Der tanzende Ofenkobold
4. Schülerjahrgang

Der Ofenkobold

Schornsteinfeger: Ich steh' auf Dächern rot und braun
und muß in jeden Schornstein schau'n.
Ob dick, ob dünn, ob groß, ob klein,
ich mach' sie sauber, feg' sie rein.

Auf meiner Schulter liegt die Leiter.
Sie hilft von Dach zu Dach mir weiter.
Und in der Hand, groß wie ein Ball,
halt' ich die Kugel aus Metall.

Die lasse ich stets mit Genuß
das Loch hinab im Schornsteinruß,
denn an ihr d'ran, da hängt ein Besen.
Wo der hinkommt, ist Ruß gewesen.

Mann: Herr Rauchfangkehrer, bitte schön,
können Sie 'mal bei uns 'reinseh'n.
Mein Ofen, der zieht nicht und raucht.
Er blubbert nur und stinkt und faucht.

Gestern noch, als ich ihn schürte,
und ihm recht tüchtig Holz zuführte,
da knistert', knasterte das Feuer,
doch heute ist's mir nicht geheuer.

Ich will nicht, daß er explodiert,
was dann zu einem Hausbrand führt.
O bitte, kommen Sie gleich mit.
Sie sind in dem Geschäft ja fit.

Schornsteinfeger: Nur keine Bange, guter Mann.
Ich seh' mir gleich den Ofen an.
Oft krieg' ich so 'was wieder hin,
weil ich im Fach ein Meister bin.

Frau: O Mann, o Mann, es ist noch schlimmer.
An diesen Ofen geh' ich nimmer.
Ich hab' ihn eben angefaßt,
da wurde mir ein Schlag verpaßt.

Dann hört' ich einen lauten Schrei,
kurz darauf war's wieder vorbei.
Ein wenig später, ach, o Graus,
fuhr irgend'was zur Tür heraus.

Alle: Wir wollen alle gleich 'mal hin.
Vielleicht ist wirklich etwas d'rin?
Doch, was kann das für ein Ding sein?
Der Ofen ist ja nur sehr klein.

Kobold: Ich bin ein Kobold kurz und klein.
Ich kriech' in jeden Ofen 'rein.
Ich richte mich dort häuslich ein,
denn Ofenwärme find' ich fein.

Ich krabble auch durch den Kamin,
wie käm' ich sonst zum Ofen hin
und bin deshalb von Kopf bis Fuß
ganz staubig und ganz schwarz von Ruß.

Taramtamtei, taramtamtei!
Heut' fühle ich mich frank und frei.
In diesem Ofen, Kinder, Kinder,
verbringe ich wohl diesen Winter.

Schornsteinfeger: Still, still, still, still, ich hör' Geräusche.
Ich glaube nicht, daß ich mich täusche.
Es ist ein Poltern und Rumoren.
Hab' ich denn den Verstand verloren?

Mann: Jawohl, jetzt höre ich es auch.
Es kichert in dem Ofenbauch.
Es knistert und es rumpelt laut.
Ich will ganz ehrlich sein, mir graut.

Frau: O weh, o weh, hört ihr das Pfeifen.
Ich kann es einfach nicht begreifen.
Mir wird vor Aufregung ganz schlecht.
Ich leg' mich hin, ist dir das recht?

Schornsteinfeger: Ich meine, jetzt ist es genug.
Beenden werd' ich diesen Spuk.
Vorsicht, ich öffne nun die Tür!
Das Rätsel wird gelöst von mir.

Sprecher: Der Schornsteinfeger riß im Momente,
die Tür des Ofens auf, die klemmte.
Im Ofenbauch wurde es licht.
Das störte diesen Ofenwicht.

Blitzschnell schaute der kleine Tropf
mit Struwwelhaar und schwarzem Kopf
aus seiner Wohnungstür heraus
und quiekte schrill wie eine Maus.

Kobold: Was zum Teufel, geht hier vor.
Gerade legt' ich mich auf's Ohr.
Kann man denn nicht in Ruhe liegen
vor lauter Lärm und Störenfrieden.

Na ja, vielleicht war es der Wind,
der wieder seinen Weg nicht find'.
Oder die Tür ist so defekt,
daß sie, wenn man sie zuschließt, eckt.

Ich zieh' mich gleich wieder zurück
und such' erneut beim Schlaf mein Glück,
versperr' die Türe diesmal fest,
damit sie sich nicht öffnen läßt.

Schornsteinfeger: Halt, hiergeblieben, kleiner Wicht!
Zeig' uns erst einmal dein Gesicht
und dann erklär', mit welchem Recht,
du darin steckst, sonst geht's dir schlecht.

Mann: Ja, ja, das wollen wir jetzt wissen.
Laß schnelle Antwort uns nicht missen,
sonst pack' ich dich an deinem Schopfe
und reiße dir die Haar' vom Kopfe.

Kobold: O, liebe Herren, habt Erbarmen
mit einem Kobold, einem armen.
Ich such' ein Jahr schon da und hier
nach einem passenden Quartier.

Ich bin ein Ofenkobold, hi, hi, hi
und lieb' die Wärm' genau wie Sie.
Ich brauch' im Winter Ofenglut,
weil diese mir am besten tut.

Das Feuer ist mein Element,
besonders, wenn es lodernd brennt.
Dann tanze ich mit blanken Sohlen
auf glühendheißen, roten Kohlen.

Ich liebe Qualm und Ruß und Rauch.
So ist's bei uns Kobolden Brauch.
Ich brauch' die Ofenwärme hier,
weil ich sonst jämmerlich erfrier'.

Dackel: Aha, ein Kobold, dacht' ich's doch.
Ich roch ihn längst in seinem Loch.
Seit Tagen hüpft er hier herum,
doch niemand hört auf mein Gebrumm.

Die Feuergeister mag ich nicht,
weil diese meist der Hafer sticht.
Der Kobold muß aus diesem Haus
auf schnellstem Wege wieder 'naus.

Maus: Wer schreit denn da vor meinem Gang,
dem zieh' ich gleich die Ohren lang.
Halt, was steht dort im Lampenschein?
Das kann doch nur ein Kobold sein?

Der Kleine mit den roten Haaren,
den kenne ich seit vielen Jahren.
Er hat, wie mir mein Mann erzählt',
den Ofen zum Quartier erwählt.

Schornsteinfeger: Was tun wir nun mit diesem Wicht,
der unseren Hausfrieden bricht.
Sollen wir ihn von hier verjagen
oder ihm uns're Hilf' antragen?

Alle: Wir helfen ihm, das ist doch klar,
da er bis jetzt anständig war.
Doch wollen wir es nicht verhehlen,
er darf nie Holz und Kohlen stehlen.

Mann: Ins Feuer soll er tüchtig blasen,
damit die Funken umherrasen.
Auch soll er über's Feuer wachen,
damit kein Brand entsteht bei Sachen.

Kobold: Ich tanze und ich spring' vor Lust
am liebsten jedem an die Brust.
Mein Wanderleben ist vorbei.
Ich bin so glücklich, jippijei!

Darf in den Ofen ich einziehen,
werd' ich um alles mich bemühen,
das Holz, die Kohlen richtig legen
und auch den Schornstein sauber fegen.

Schornsteinfeger: Das lob' ich mir, so ist es recht.
Der Untermieter ist nicht schlecht.
Ich frag' dich deshalb auf der Stelle,
wärst du nicht gern bei mir Geselle?

Ich bräuchte einen kleinen Mann,
der in Schornsteinen klettern kann,
denn ich bin oft ganz schön geschafft.
Auf Dächer steigen kostet Kraft.

Dackel: Das wär' auch 'was für mich gewesen.
Mich hat er nicht gefragt, der Besen.
Ich will jedoch nicht weiter klagen
und diesen Schimpf mit Würde tragen.

Maus: Kamine putzen, nicht für mich!
Ich hab' doch keinen Sonnenstich.
Ich flitz' zurück in meine Stuben
und seh' geschwind nach meinen Buben.

Kobold: Kannst du, damit Kamine rauchen,
nicht noch ein paar Kobolde brauchen?
Ich habe nämlich noch sechs Brüder,
die möchten eine Arbeit wieder.

Die Not bei uns ist ziemlich groß,
denn wir sind alle arbeitslos.
Seit Dampfheizung in jedem Haus,
da fliegen alle Öfen 'raus.

Schornsteinfeger: Ich stelle euch gleich alle an,
vom kleinsten bis zum größten Mann.
Wenn alle da sind, seh'n wir weiter,
dann geb' ich jedem eine Leiter.

Sprecher: Der Kobold hüpfte, hopp, hopp, hopp,
zu seinen Brüdern im Galopp.
Bald standen sieben Feuergeister
vor ihrem neuen Herrn und Meister.

Kobold: Geputzt, gefegt, rasch, eins, zwei, drei.
Der erste Schornstein ist schon frei!
Hinein, hinauf, 'raus aus dem Loch.
Kein Ruß bleibt d'ran, wir seh'n ihn doch.

Sprecher: Der Schornsteinfeger konnte ruh'n.
Er hatte nie mehr 'was zu tun.
Die Kobolde fegen mit Lust –
auch heute noch. Hätt'st du's gewußt?

Im Zirkus Holldrio

Herold:
Hallo, hallo, hurra, hurra!
Der Zirkus Holldrio ist da!
Es gibt zu sehen allerlei.
Kommt mit, dann seid ihr auch dabei.

Dompteur:
Das ist der Löwe Rumtumtum.
Er brachte schon fünf Männer um.
Kommt näher Leute, seht die Mähne
und seine langen, spitzen Zähne!

Er frißt am Tag fast eine Kuh
und schaut nach Fressen immerzu.
Hat er das Maul weit aufgeklappt,
dann Vorsicht, weil er blitzschnell schnappt.

Fahnenschwinger:
Ich bin der große Balduin.
Ich schwenk' die Fahne her und hin.
Auf einem Seile tanz' ich schön
und kann vorwärts und rückwärts geh'n.

Der wilde Tiger dort heißt Lei.
Er war vor einem Jahr noch frei.
Er braucht besond're Käfigstangen,
sonst bliebe er nicht lang gefangen.

Mein Vater, der war schon Artist,
bevor vom Seil gestürzt er ist.
Die Stange kam ihm aus dem Lot.
Er fiel zehn Meter und war tot.

Direktor:
Mein Name ist Direktor Floh.
Ich sprech' nie leis, schrei' immer so.
Sie seh'n das Beste, meine Damen.
Mein Zirkus, der sprengt jeden Rahmen.

Bei mir, da bebt vor Angst die Erde,
denn ich dressier' die tollsten Pferde.
Knall' mit der Peitsche ich, zack, zack,
so gehen sie im Sturmschritt ab.

Inder:
Aus Indien, da komm' ich her.
Ich liebe meine Heimat sehr.
Mein Jumbo, der stammt auch von dort.
Am liebsten zög' ich mit ihm fort.

Jumbo, das ist mein Elefant.
Ich lenk' ihn nur mit einer Hand.
Er kann leicht auf zwei Beinen geh'n.
Woll'n Sie das gleich hier einmal seh'n?

Hoch, hoch die Beine, Jumbolein!
Willst du wohl jetzt schön artig sein?
Streck' deinen Rüssel in die Höh'
und bleibe stets in meiner Näh'.

Zauberer:
Mein Auftritt – wumm – simsalabim –
ist doch für jeden ein Gewinn.
Aus engen, schmalen Blumenvasen,
hol' ich die Mäuse, Tauben, Hasen.

Deut' ich mit meinem Zauberstock
auf einen feuerroten Rock,
verwandelt dieser sich im Nu
in eine schwarzrotgold'ne Kuh.

Was soll ich euch noch mehr verraten.
Kommt und seht selber meine Taten.
Ich zeig' euch Wunder über Wunder
bei Feuer, Blitz, Schwefel und Zunder.

Clown:
Ich mache stets verrückte Sachen
und bringe alle Leut' zum Lachen.
Mein Name, der ist Bodo Blitz.
Kennt ihr den allerneu'sten Witz?

In der Arena stehen Zäune,
dort schlag' ich meine Purzelbäume.
Ich hüpfe wie ein Gummiball
und quatsche wie ein Wasserfall.

Mein Partner ist ein kleiner Affe.
Der balanciert eine Karaffe.
Er bläst Trompete laut und hell.
Dabei platzt fast das Trommelfell.

Cowboy:
Ich bin Jack, der Westernheld.
Ich schieß' durch jedes Stückchen Geld
ein Loch, genau in seine Mitte
und schwing' das Lasso noch beim Ritte.

Auch mit dem Messer ziel' ich gut.
Ich treffe einen Fingerhut
auf hundert Schritte an der Wand,
ob in Bewegung, ob im Stand.

Ich spring' auf wilde Stiere auf
und sei es auch beim schnellsten Lauf.
Ich halt' mich auch am Schwanze fest,
wenn sich das nicht vermeiden läßt.

Indianer: Hugh, hugh, hugh, beim großen Manitou.
Ich bin Häuptling vom Stamm der Crew.
Der Federschmuck auf meinem Kopf
ist echt genauso wie mein Zopf.

Den Tomahawk hab' ich geführt
und manches Bleichgesicht skalpiert.
Heut' seht ihr das im Zirkuszelt.
Es kostet nicht viel Eintrittsgeld.

Zirkusleute: Heran, heran, ob jung, ob alt!
Die Vorstellung beginnt sehr bald.
Das Zelt ist schon fast aufgestellt.
Nur nicht gezaudert, 'raus das Geld!

Ihr werdet jubeln, lachen, klatschen
und euch vergnügt die Schenkel patschen.
Die Zirkusluft, die macht euch froh.
Schnell hin zum Zirkus Holldrio!

Sprecher: Das Zirkuszelt war voller Leute.
Am Eingang stand: Ausverkauft heute!
Und alle warteten gespannt,
da kam Direktor Floh gerannt.

Floh: Meine Damen, meine Herren!
Ich weiß, Sie werden sich beschweren.
Doch bleiben Sie schön still und stumm,
uns fehlt der Löwe Rumtumtum.

Ich sah ihn noch vor einer Stunde.
Er sprang durch die Manegenrunde.
Seitdem ist er von dort verschwunden
und wurde bisher nicht gefunden.

Wir wissen nicht, wo er jetzt ist.
Wir hoffen, daß er niemand frißt,
denn er war satt bis obenhin
und hat dann so 'was nicht im Sinn.

Dompteur: Jawohl, der Löwe Rumtumtum,
der macht meist nur sehr viel Gebrumm.
Er ist wie eine Katze zahm
und auf den Hinterbeinen lahm.

Eine Perücke ist die Mähne
und falsch sind seine großen Zähne.
Er kann sich kaum noch schnell bewegen
und fristet hier sein Gnadenleben.

Bleiben Sie auf den Plätzen sitzen.
Sie brauchen nicht vor Angst zu schwitzen.
Wir werden ihn bald wieder fangen,
dann kommt er hinter Käfigstangen.

Zuschauerin: Ich bleib' keine Minute länger.
Mir wird es bang' und immer bänger.
Wer weiß, was dieses Raubtier tut?
Ich geh' sofort, mir fehlt der Mut.

Zuschauer: Das ist ein Abenteuer, wie ich's mag.
Ich bräuchte so 'was jeden Tag.
Wo ist das liebe, kleine Kätzchen?
Ich mach' mit ihm nicht viele Mätzchen.

Mädchen: Vor Furcht beginn' ich schon zu stottern.
Hör' nur, wie mir die Knochen schlottern!
Ich laufe lieber heim zu Mutter,
sonst end' ich noch als Löwenfutter.

Junge: Ich leg' mich hier unter den Sitz,
bevor ich schnell nach Hause flitz'.
Von mir wird dann der Löw' nichts wissen
und sucht 'nen and'ren Leckerbissen.

Polizist: Achtung, hier spricht die Polizei.
Machen Sie schnell die Gänge frei.
Das Zirkuszelt wird jetzt besetzt.
Wir hoffen, niemand ist verletzt.

Das Raubtier wurde schon gesichtet,
das hat man eben mir berichtet.
Der Löwe läuft in Richtung Zoo.
Wir folgen ihm, so oder so.

Bleiben Sie stets auf Ihren Plätzen.
Es braucht kein Mensch hier vor Entsetzen
in Ohnmacht fallen oder schrei'n.
Den Löwen bringen wir bald heim.

Sprecher: Der große Löwe Rumtumtum,
trieb sich indessen frei herum,
erschreckte manches Ehepaar,
doch krümmte er niemand ein Haar.

An einem Laden in der Stadt,
fraß er sich an Bratwürsten satt,
trank Wasser aus einem Hydrant
und schlief auf einer Gartenbank.

Er rannte einem Auto nach,
legte sich aufs Garagendach
und brachte, welch schlimmes Malheur,
zum Stillstand fast den Stadtverkehr.

Sehr vielen Menschen blieb vor Schreck,
sogleich die Atempuste weg.
Und and're, wer konnte das wissen,
sahen sich schon als Leckerbissen.

Den Rumtumtum ließ dies ganz kalt,
für Menschenfleisch war er zu alt.
Er freute sich und war sehr froh,
nach einer Weil' stand er vor'm Zoo.

Polizist: Achtung, Männer, schnell herbei!
Der Löwe steht am Eingang drei.
Den Käfig mitgebracht, hopp, hopp.
Holt auch das Netz, Aussage stop!

Dompteur: Männer, ihr dürft ihn nicht hetzen,
sonst reißt er euch doch nur in Fetzen.
Laßt Netze und Gewehre steh'n.
Ich werde selbst zu ihm hingeh'n.

Vielleicht hört er auf meine Stimme.
Nehmt ihn deshalb nicht auf die Kimme.
Bei uns im Zirkus Holldrio
wär' ohne Löwe keiner froh.

Polizist: Nun gut, ich habe nichts dagegen.
Los, gehen Sie mit meinem Segen.
Doch wenn das Tier drei Schritte macht,
dann wird geschossen, daß es kracht.

Läßt er sich an die Kette hangen,
so wird lebendig er gefangen.
Der Käfig steht schon längst bereit.
Beeil'n Sie sich, es läuft die Zeit.

Sprecher: Und Rumtumtum leckte die Hand,
die ihn schnell an die Kette band.
Er kam mit seinem Herrn, welch' Glück,
freiwillig zum Käfig zurück.

Polizisten: Hurra, hurra, wir haben ihn!
Jetzt können wir zum Zirkus zieh'n.
Die Gefahr ist nun gebannt.
Wir sind halt Kerle, allerhand!

Sprecher: Im Triumph ging's durch die Straßen.
Auf dem Käfigdache saßen
der Dompteur und noch drei Leute.
Unten lag die Löwenbeute.

Eine Stunde später stand
der Löwe im Manegensand.
Er fühlte sich gleich wieder wohl
und zeigte ein Programm ganz toll.

Zuschauer: Schaut nur, schaut nur, wie der springt,
wie ihm gleich jeder Sprung gelingt!
Seht nur, er springt in der Tat
durch ein ganz großes Feuerrad.

Direktor: Heute zeigt er Spitzenkunst.
Leute, schenkt ihm eu're Gunst.
Klatscht lauten Beifall, feiert ihn,
denn danach steht ihm jetzt der Sinn.

Sprecher: Die Leute klatschten ganz famos,
und die Begeisterung war groß.
Der Löwe, der verschwunden war,
wurde gefeiert wie ein Star.

Sein Auftritt füllte jede Kasse,
denn sein Programm war Superklasse.
Zum Film kam schließlich Rumtumtum
und fuhr weit in der Welt herum.

Und wenn er nicht gestorben ist,
er heute noch Bratwürste frißt.
Vielleicht schreibt er in diesen Jahren
auch seine tollen Memoiren.

Die Luftfahrt des Dackels Fips

Sprecher: Auf einem Jahrmarktsfeste,
es ist noch nicht lang her,
ging Peter mit dem Dackel
und freute sich gar sehr.

Er kam zu einem Stande,
sah einen Luftballon,
bezahlte fünfzig Pfennige
und trug ihn gleich davon.

Er band ihn an das Halsband
des kleinen Dackels Fips.
Der lief durch Budenstraßen
als hätt' er einen Schwips.

Der Luftballon zog in die Höh';
das paßte Fips nicht sehr.
Er stellte seine Ohren steif
und freute sich nicht mehr.

Der Dackel Fips war traurig,
er bellte laut wau, wau.
Den dicken gelben Luftballon
besah er sich genau.

Dackel: Was bist du für ein komisch Ding
mit deiner langen Nas',
wenn ich dich einmal beißen könnt',
das wär' für mich ein Spaß.

Luftballon: Das könnte dir so passen,
du Bratwurst mit Gesicht.
Ich kann im Winde fliegen,
du kriegst mich sicher nicht.

Peter: Ach, da ist noch ein Luftballon
wie ich gern einen möcht'.
Ich häng' dir auch noch diesen d'ran,
das ist für dich nicht schlecht.

Dich können dann die beiden
ein bißchen vorwärts zieh'n.
Paß aber gut beim Hüpfen auf,
sonst wirst du mir entflieh'n.

Sprecher: Der Fips sah einen ander'n Hund
an einer Ecke steh'n.
Er dachte nicht viel nach und sprang,
schon war's um ihn gescheh'n.

Ein Windstoß faßte den Ballon
und trug ihn flugs hinweg.
Bald sah der arme Dackel Fips
nicht Straß' mehr oder Weg.

Fips: Au weh und ach, du meine Zeit,
ich kann ja nicht mehr steh'n.
Ich fliege wohl, so glaub' ich gar,
sonst würd' ich Peter seh'n.

Luftballon: Hei, hei, das ist ein toller Flug
über den Dächern rot.
Sei artig, sonst stürzt du gleich ab
und bist dann mausetot.

Dackel: Ich bin ganz still und leise
und will anständig sein.
Wenn ihr mich sicher haltet,
dann flieg' ich mich schon ein.

Sprecher: Der Peter rief den Dackel,
und hörte nicht sein Schrei'n.
So lief denn Peter hinterher,
um ihn bald zu befrei'n.

Er rannte über Berg und Tal
und schaute stets nach oben.
Die Luftballons und Dackel Fips
sah er als Punkt dort oben.

Wind: Da vorn', da kommt ein seltsam' Ding,
ich blas' es hin und her.
Ich könnt' es auch in Stücke reißen,
so 'was fällt mir nicht schwer.

Da hängt doch, o, du meine Seel',
ein Dackel an der Schnur.
Ist der vielleicht hier oben
auf einer Höhenkur?

Hui, hui, sagt mir doch bloß einmal,
wohin geht euer Flug?
Ich blas' euch in den Rücken 'rein,
denn Kraft hab' ich genug.

Dackel: O, wir sind unfreiwillig hier
und wollten gar nicht fort.
Das Gas in diesen Luftballons
bracht' uns an diesen Ort.

Luftballons: Wir sind aus diesen Buden
heraus und frank und frei.
Wohin die weite Reise geht,
ist uns ganz einerlei.

Wir wollen immer hoch und höher,
bis zu dem Weltraum hin.
Ein Ausflug bis zum Monde,
wär' ganz in unser'm Sinn.

Wolken: Daß ihr euch nicht zu viel zutraut!
Mancher wollt' hoch hinaus.
Oft endete ein Höhenflug
mit einem Sturz, o Graus!

Sprecher: Und ehe noch das Wort verklungen,
brach schon der Donner los.
Es knallte laut im Himmelszelt
mit mächtigem Getos'.

Der Himmel wurde grau und schwarz,
die Wolken wie die Mohren.
Der Dackel sprach ein Stoßgebet,
er dacht', er wär' verloren.

Donner: Was wollt ihr kleinen Wichte hier,
in meinem großen Reich?
Fort, fort, aus meinem Angesicht!
Vor Wut, da platz' ich gleich.

Dackel: Ich bin vor Kälte ziemlich steif,
mir klappern schon die Zähne.
Ich möcht' hinunter wie ein Blitz,
Voll Eis ist meine Mähne.

Blitz: Das kann sogleich geschehen.
Du stürzest wie ein Ziegelstein,
denn ich schlag' in die Luftballons
mit einem Feuerstrahl hinein.

Zickzack, zickzack,
jetzt wird hinabgefahren.
Wenn dieser Fips das überlebt,
denkt er daran nach Jahren.

Dackel: Mir wird auf einmal gar so leicht,
im Ohr hör' ich es sausen,
Wollt ihr mit einer solchen Fahrt
hinab zur Erde brausen?

Doch halt, wo sind die Luftballons,
an denen ich gehangen?
Bei meinem schnellen Sturze jetzt,
wer könnte mich da fangen?

Adler: Auf meterweiten Flügeln
segle ich schnell dahin,
ich flieg' auf hohe Berge,
dort wo die Wolken zieh'n.

Was sehen meine Augen
für einen tollen Fund?
Ich glaub', aus dieser Wolke,
da stürzt ein kleiner Hund.

Den schnapp' ich mir als frische Beute
und halte ihn ganz fest.
Ich bring' ihn auf dem schnellsten Weg
nach Hause in mein Nest.

Sprecher: Der Adler packte mit dem Schnabel
den Dackel flugs am Bein.
Und dieser konnt' vor lauter Schreck
nicht einmal mehr laut schrei'n.

Doch bald, da biß der Dackel,
den Adler voller Wut
in seine fette Vogelbrust.
Das tat ihm gar nicht gut.

Vor Schmerz ließ er den Dackel los.
Der war nun wieder frei.
Doch wenn er so nach unten schaute,
wurde ihm zweierlei.

Er hatte Glück zu allerletzt,
ihn schützte eine Fee.
Bei seinem schlimmen Sturz hinab,
fiel er in einen See.

Ein lauter Platsch, und schon versank
der Dackel in der Flut.
Er fing sogleich zu schwimmen an.
Er konnte es ganz gut.

Fisch: Blub, blub, blub, blub, wo kommst du her?
Du bist wohl bei uns fremd?
Du trägst beim heiligen Neptun
kein echtes Schuppenhemd.

Krebs: Der Gast ist seltsam,
schaut ihn nur an.
Er hat ganz ohne Zweifel
gar keine Flosse d'ran.

Frosch: Ein alter Schuh ist das wohl nicht.
Ich seh'es nicht genau.
Ich hol' erst meine Taucherbrille
von meiner lieben Frau.

Dackel: Ich kann euch keine Antwort geben.
Ich brauche ganz schnell Luft.
Wer mir nicht aus dem Wasser hilft,
das ist ein großer Schuft.

Sprecher: Die Fische kamen haufenweis'
und trugen ihn an Land.
Der Platz am Ufer war klitschnaß,
an dem der Dackel stand.

Der Dackel ruhte sich erst aus.
Die ander'n waren leise.
Und dann erzählte er ganz lang
von seiner schlimmen Reise.

Förster: Das ist ja unser Dackel Fips!
Du wirst schon lang' gesucht.
Für dich ist in dem Auto dort
ein Ehrenplatz gebucht.

Steig' ein und setz' dich auf die Bank,
schnapp' dir die dicke Wurst.
Am Hintersitz steht außerdem
Quellwasser für den Durst.

Sprecher: Flugs ging die Fahrt im Wald dahin.
Fips schlief darauf bald ein.
Er wollt', so schnell wie möglich,
wieder bei Peter sein.

Sein Herr, der lief inzwischen,
die Straße schon entlang.
Er dachte nur an seinen Fips,
um diesen war ihm bang.

Peter: Da vorn' am Walde stürzte er
vor meinen Augen nieder.
Wenn er noch lebt, der arme Hund,
dann finde ich ihn wieder.

Sprecher: Da hörte er Motorenlärm,
ein Auto hielt am Rand.
Aus einem Fester schaute Fips
auf seinen Herrn gespannt.

Peter: Mein Fips, du lieber kleiner Kerl,
jetzt bist du ja zum Glück,
trotz deiner wilden Höhenfahrt,
wieder gesund zurück.

Dackel: Ach ja, mein Peter, ich bin froh,
daß ich dich wieder seh'.
Ich dachte schon, es sei vorbei.
Der Flug war schlimm, o weh.

Förster: Ich wünsche euch, für meinen Teil,
im Leben noch viel Freud'.
Geht nur zurück in eu're Stadt,
da warten schon die Leut'.

Leute: Hurra, hurra, der Dackel Fips,
der ist ein toller Hecht.
Für seine Tat wird er belohnt,
denn er fliegt gar nicht schlecht.

Sprecher: Ein solches Abenteuer hat nicht oft
ein kleiner junger Hund.
Doch eine solche Höhenfahrt,
find' ich nicht ganz gesund.

Die Reise um die Welt

Sprecher: Am Abend, wenn die Dunkelheit
sich ihrer Schwärze noch erfreut,
da geht ganz unvorstellbar sacht,
der Mond am Himmel auf in Pracht.

Er wirft den hellen Silberschein
auf Dächer, Bäume, Kämmerlein
und kitzelt uns'ren kleinen Peter
mit seinem Licht wie mit 'ner Feder.

Mond: Ich bleib' hier 'mal und schaue munter
auf dieses stille Haus hinunter.
Es scheint, es liegen alle brav
in ihrem Bett im tiefen Schlaf.

Gleich mache ich mich wieder fort.
Doch halt! Was will der Kleine dort
am Fenster zu der späten Stunde.
Da unterbrech' ich meine Runde.

Er zieht sich an, schlüpft in den Rock,
nimmt jetzt ein Bündel, einen Stock.
Der Peter will wohl gar entflieh'n
und in der Nacht sich still verzieh'n?

Ich glaub', ich ruf' ihn einmal an.
Ob er den Ruf wohl hören kann?
Ich werd's ganz einfach laut probieren,
dann wird es schon zum Ziele führen.

Peterchen, ich bin's, der Mond,
der hoch am Himmelszelte wohnt!
Willst du heut' nacht Mondfahrer sein,
dann spring' in meinen Silberschein!

Peter: Wer ruft? Der Mond? Das gibt's doch nicht.
Schon wird mein Zimmer hell von Licht.
Er zieht mich an wie ein Magnet.
Ich flieg' zum Mond! Ob das gut geht?

Ich seh' die Häuser schon ganz klein.
Das kann doch wohl kein Traum mehr sein.
Vor mir erscheint die helle Scheibe.
Mir wird's ganz schwindelig, beileibe.

Mond: Hab' keine Angst, mein lieber Peter.
Ein solches Glück hat nicht ein jeder,
daß er mit mir die Reise macht,
rund um die Erde in der Nacht.

Peter: Ich freue mich jetzt königlich.
Es ist wie Weihnachten für mich.
Was werde ich denn alles sehen,
wenn wir auf große Fahrt nun gehen?

Mond: Das merkst du alles früh genug,
wenn wir ganz langsam, Zug um Zug,
von einem Land zu einem ander'n
auf uns'rem Licht, dem Mondschein,
wandern.

Regentropfen: Ich trete ein, ohne zu klopfen.
Ich bin ein großer Regentropfen
und mache meine Urlaubsreise
in diesem Jahr auf solche Weise.

Schaf: Mäh, nehmt mich mit, denn ich war brav.
Ich bin das kleine Wolkenschaf,
das nie von seiner Stelle wich,
selbst wenn der Sturmwind d'rüber strich.

Kobold: O laßt mich auch mit euch fortfliegen.
Ich möchte in dem Mondschiff liegen.
Ich hoffe doch, ihr seid mir hold.
Ich bin ein armer Luftkobold.

Mond: Nur zu, herein in meinen Bauch.
Es wird zwar eng, doch wärmer auch.
Wir starten jetzt, die Türen zu
und sind in Afrika im Nu.

Peter: Da unten sehe ich Oasen
und Elefanten tüchtig grasen.
Dort schleicht ein Löwe mit Gebrumm
ganz heimlich im Gebüsch herum.

Die Affen sitzen auf den Bäumen,
während vor Wut die Jäger schäumen,
die sie in Netzen fangen wollen –
nun können sie sich heimwärts trollen.

Regentropfen: Hier landen wir, da ist was los.
Wo hab' ich meine Badehos',
damit im Teich ich schwimmen kann,
denn ich fang' schon zu trock'nen an.

Kobold: Mhm, diese heiße Wüstenluft,
die hat einen besond'ren Duft.
Ich ziehe tief sie in die Lunge
und spür' die Hitze auf der Zunge.

Schaf: Dort will ich nicht herumspazieren
und gar mein junges Fell verlieren.
Kein Mensch bringt mich in die Oase!
Ich fresse lieber von dem Grase.
Es stammt von meiner Wolkenwiese
und hat besond'ren Duft und Süße.

Mond: Na gut, dann bleibst du eben hier.
Die ander'n, die erzählen dir
bestimmt, was sie dort unt' erfassen.
Ich werd' sie jetzt hinunterlassen.

Kobold: Juppheidi, wir sinken ab.

Regentropfen: Ich glaube fast, wir landen knapp
an dieser Hütte ganz aus Stroh.

Peter: Da wohnt der Häuptling Sowieso.

Häuptling: Ich habe euch, so ganz aus Spaß,
beobachtet in meinem Glas.
Das zieht die Dinge nah' heran,
so daß ich sie gut sehen kann.
Ihr seid natürlich meine Gäste.
Da eßt einmal! Es ist das Beste!
Probiert die Datteln, Nüsse, Feigen,
dann werd' ich euch 'was Tolles zeigen!

Peter: Was werden wir bei dir wohl seh'n?
Ich will vor Neugier fast vergeh'n.
Ist es vielleicht ein großer Schatz?
Liegt Öl an diesem Wüstenplatz?

Häuptling: Nein, nichts von alledem.
Wir müssen noch ein Stückchen geh'n.
Dort hinter starken Käfigstangen,
sitzt ein seltsames Tier gefangen.
Es hat der Beine ihrer zehn
und kann sich wie ein Kreisel dreh'n.
Es frißt Bananen ohne Ende.
Die Schalenberge sprechen Bände.
Wir fingen es nach langer Hetze
in einem fingerdicken Netze
und wollen es allmählich zähmen.
Wollt ihr es als Geschenk wohl nehmen?

Kobold: So einen dicken Zottelbär,
den liebe ich nicht allzusehr.
Das Tier hat mir zu viele Beine.
Es reichten viere, wie ich meine.

Peter: Da hast du recht! Wir wissen nicht,
ob es nicht doch die Stangen bricht
und uns dann, schneller als wir ahnen,
genauso frißt wie die Bananen.

Regentropfen: Wir müssen aber jetzt bald starten.
Der Mond wird ungeduldig warten.
Er kann hier nicht für immer steh'n.
Ade, good bye, Auf Wiederseh'n!

Peter: Mein lieber Häuptling Sowieso,
seh'n wir uns einmal anderswo?
Ich wohn' in Deutschland, ganz weit weg.
Auf Karten ist das nur ein Fleck.

Häuptling: Lebt wohl, lebt wohl, ihr müßt ja weiter.
Das macht mich traurig und nicht heiter.
Ich schau' euch nach, weil's Freude macht,
bis ihr verschwindet in der Nacht.

Mond: Marsch, marsch, steigt ein, wir müssen fort.
Schaut auf die hohen Berge dort.
Das ist das nächste Ziel der Reise.
Es sind Gebirge ganz aus Eise.

Kobold: Gibt es dort Bären, wild und weiß
und Pinguine auf dem Eis?
Die Eskimos bauen aus Schnee
geschwind die Iglus in die Höh'.

Peter: Da läuft ein Bär mit Riesenschritten.
Ich seh' die Spur von seinen Tritten.
Er jagt davon nicht ohne Grund,
denn hinter ihm, da springt ein Hund.
Was sag' ich, es sind zwei, drei, vier!
Sie stehen schon vor uns'rer Tür.
Und weiter hinten, dieser Mann,
der winkt uns mit der Hand heran.

Eskimo: Ich möcht' euch in den Iglu bitten.
Steigt alle rasch auf meinen Schlitten,
dann sind wir dort in einer Stunde.
Lauft schnell, auf, auf, ihr Schlittenhunde!

Sprecher: Die Fahrt der drei war bald zu Ende
auf diesem eisigen Gelände.
Sie standen in dem Igluhaus
und zogen ihre Jacken aus.

Der Regentropfen war gefroren
und hatte einen Knopf verloren.
Der Kobold hielt die kalten Füße.
Er schäme sich, daß er so nieße,
meinte er zu dem Eskimo.

Der sagte, das sei immer so
in diesem Land aus Eis und Schnee.
Bald tät' der Fuß ihm nicht mehr weh
bei frischem, warmem Seehundsbraten,
der heut' besonders gut geraten.

Sie schmausten noch 'ne ganze Weile,
dann trieb der Kobold an zur Eile.
Der Mond schickte den Silberschein
schon mahnend zu der Tür herein.

Eskimo: zu Peter: Das war sehr kurz, ihr müßt jetzt geh'n.
Wir werden uns wohl nie mehr seh'n.
Doch sollst du oftmals an mich denken.
Ich werd' dir eine Lanze schenken.

Dem Schaf, das brav war wie ein Lamm,
dem geb' ich einen Walroßkamm.
Und unser dritter Freund, da vorn'
erhält den Pfeil aus Rentierhorn.

Peter: Wir freuen uns über die Sachen
und werden sie stets scharf bewachen.
Leb wohl und jag' nicht zu viel Bären,
damit sie fortan sich vermehren.

Mond: Herein, herein, ich hab' gewartet
und wär' fast ohne euch gestartet.
Der Flug geht nach Australien,
dort wo die Käng'ruhherden zieh'n.

Schaf: Da gibt es Wiesen, dick und fett.
So einen Zielort find' ich nett.
Mir läuft das Wasser schon im Munde.
Nur schnell dahin zur nächsten Runde.

Mond: Da wird nichts d'raus, wir landen nicht
denn so lang' reicht die Zeit uns nicht.
Wir fliegen nach Amerika
und sind am frühen Morgen da.

Peter: Dort gibt's, mach' ich da einen Patzer,
ich glaub', die Riesenwolkenkratzer
und Indianer hoch zu Pferde.
Wär'n wir bloß dort. Ich will zur Erde.

Kobold: Vom Boden bis zum Wolkenhimmel
reichen die Häuser. Welch' Gewimmel!
Sie stehen kilometerweit!
Das mag ich nicht, das bin ich leid.

Ich springe gern in guter Luft
und atme tief den Blütenduft.
Hier stinkt es nur nach Autogasen.
Laßt uns deshalb schnell d'rüberrasen.

Schaf: Was kommt dort blitzend auf uns zu,
wird groß und größer, setzt im Nu
auf unserem Trabanten auf.
Es rette sich wer kann, ich lauf'!

Peter: Es ist ein Raumschiff aus Metall.
Es fliegt zu uns im freien Fall
ganz ohne Antrieb und Motor.
Kommt alle mit an's große Tor.

Astronaut: Hallo, sind wir hier auf dem Mond?
Wir dachten, er sei unbewohnt.
Doch jetzt seh'n wir, daß das nicht stimmt,
was uns den Sauerstoff fast nimmt.

Mond: Ihr habt das Ziel genau erreicht,
und euer Flug war gar nicht leicht.
Von hier könnt ihr die Erde seh'n
mit ihren Ländern, die sich dreh'n.

Ich bin erfreut, euch hier zu haben,
denn einsam sein, ist schwer zu tragen.
Seit tausend Jahr' kam niemand her.
Kommt ruhig öfters, bitte sehr.

Astronaut: Das wird jetzt anders, glaube mir.
Wir fliegen jedes Jahr zu dir.
Dann hast du immer neue Gäste
Wär' das so nicht das Allerbeste?

Die bauen dann, weißt du es schon,
bald eine hübsche Mondstation.
So hätte sich die Fahrt zum Mond
für uns und auch für dich gelohnt.

Peter: Das ist ja prima, das ist toll.
Jetzt wird der leere Mond ganz voll.
Ich brauch' nur einen Flug zu buchen
und kann dich jederzeit besuchen.

Mond: Ich bin mit allem einverstanden.
Ihr dürft, wann ihr nur wollt, hier landen.
Doch schaut, der Morgen zieht herauf,
da end' ich meinen Himmelslauf.

zu Peter: Schnell Peter, spring hinein,
in meinen hellen Silberschein
und rutsche in dein Bett hinunter.
Reiß' nie mehr aus und bleibe munter.

zu den Astronauten: Euch wünsch' ich guten Flug zurück
und bei der Landung recht viel Glück.
Packt das noch in die Taschen ein,
es ist wertvolles Mondgestein.

zu Kobold und Schaf: Und ihr zwei hüpft ganz schnell davon.
Die Fahrt mit mir war euer Lohn.
Dem Kobold wünsch' ich gute Luft,
dem Schäfchen leck'ren Wiesenduft.

zu allen: Viel' Stunden werdet ihr mich nicht mehr seh'n.
Die Nacht mit euch war wirklich schön.
Lebt wohl, ich geh', bevor ich weine.
Ich leucht' euch noch mit meinem Scheine.

Peter: Hab' ich geträumt, war's Wirklichkeit?
Na ja, es ist die höchste Zeit,
zu frühstücken und aufzusteh'n
und in die Schule dann zu geh'n.

Ich hätte Lust, nochmal zu träumen
und mit dem Mondschiff über Bäumen
und Ländern so dahinzuschweben.
Doch ruft die Pflicht, das ist es eben.

Macht's gut, ihr ward ja auch dabei.
Ein Platz im Mondschiff ist noch frei.
Wer mit mir will beim nächsten Mal,
der komm' heut' nacht in diesen Saal!

Die Vergessenen

Sprecher: In einer dunklen Bodenkammer,
da wurden abgestellt, o Jammer,
an einem Regennachmittag um vier,
Trompete, Trommel und Klavier.

Sie standen zuerst stumm im Raum,
denn jeder sah den ander'n kaum.
Dann, als sie sich daran gewöhnt,
da haben sie sich angetönt.

Trommel: Ich bin die Trommel, bumm, bumm, bumm!
Ich kam weit in der Welt herum.
Mich trugen Jungen und Soldaten.
Ich sah manch' Spiel und Heldentaten.

Klavier: Das kann ich so von mir nicht sagen.
Mich kann man nicht am Halse tragen.
Ich stehe meistens nur in Räumen
und muß deshalb sehr viel versäumen.

Trompete: Auch ich hab' manche Stadt geseh'n.
Jetzt muß ich hier im Staub vergeh'n.
Kommt später noch der Rost dazu,
verlier' ich meine Stimm' im Nu.

Klavier: Wir stehen hier, um zu verrotten,
und bald nisten in uns die Motten.
Ich werde wohl nie wieder spielen
und flinke Finger auf mir fühlen.

Noch vor drei Monaten im Mai,
da war ich beim Konzert dabei.
Ein großer Mann im schwarzen Frack,
der schlug mit einem Stock den Takt.

Trompete: Mein letzter Herr war ein Solist.
Er spielte meistens Rock und Twist.
Davor blies mich ein dicker Junge
mit einer allzu feuchten Zunge.

Ich liebe an sich laute Noten,
doch ist das laute Spiel verboten.
Die Leute wollen leise Werke
in sogenannter Zimmerlautstärke.

Trommel: Auf tiefe Töne bin ich aus.
Ich spielte sie im Opernhaus.
Mein Bumm, Bumm, Bumm war große Klasse.
Ach, wie ich diese Kammer hasse!

Klavier: Mir geht es ganz genau wie dir.
Seid ihr nicht auch wie ich dafür,
daß wir aus dieser Kammer flieh'n
und auf der Straße umherzieh'n.

Trompete: Jawohl, wir gehen auf der Stelle!
So enden wir auf alle Fälle
ganz ohne großen Ruhm und Glanz.
Da spiel' ich lieber auf zum Tanz.

Trommel: Du hast ganz recht, bumm, bumm, bumm, bumm!
Hier stehen nutzlos wir herum.
Ich möcht' lieber im Sonnenschein
mich meines Lebens noch erfreu'n.

Maus: Fiep, fiep, fiep, fiep, was muß ich hören.
Worüber wollt ihr euch beschweren?
Hier ist es doch schön still und leise.
Es ist ein Paradies für Mäuse.

Trompete: Du findest es vielleicht hier schön.
Wir wollen nicht im Dunklen steh'n.
Ich merke schon, wie man so sagt,
wie mich mein altes Rheuma plagt.

Spinne: In dem Klavier, da werd' ich nisten.
Das ist viel schöner als in Kisten.
Denn zwischen all den langen Saiten,
da kann ich meine Netze breiten.

Klavier: Igit, was will das Spinnentier,
bei mir, einem Konzertklavier?
Ich mache jede Ritze dicht.
Den Untermieter mag ich nicht.

Spinne: O je, o je, aus ist der Traum.
Ich dachte, man bemerkt mich kaum.
So muß ich fort in Zimmerecken
mein dünnes Spinnennetz verstecken.

Trommel: Wer knabbert da an meinem Fell?
Dem werde ich gleich auf der Stell'
den Schlegel auf den Rücken führen,
dann wird er seine Lust verlieren.

Maus: Verzeih, verzeih, ich will nicht beißen
und die gespannte Haut zerreißen.
Ich dacht', du wärst ein alter Kuchen,
den wollte ich ganz schnell versuchen.

Trommel: Ich sehe schon, hier ist kein Leben.
Es gibt nur Störungen wie eben.
Das Beste ist, ihr werdet seh'n,
wenn wir jetzt auf der Stelle geh'n.

Sprecher: Die dreie stimmten überein
und wollten stets zusammensein.
Nach einer Weile ging s' trab, trab,
die Treppe in den Hof hinab.

Bald kamen sie am Marktplatz an,
und eh' sich jeder noch besann,
da packten junge Burschen zu
und spielten flott tatü, tatu.

Musik erklang durch jede Tür.
Vor Freude klimpert' das Klavier.
Die Trommel spannte froh ihr Fell,
und die Trompete schmettert' hell.

Leute: Das ist Musik, die uns gefällt.
Das ist Musik, die jung erhält.
Nur hin und dann die Bein' geschwungen
und kräftig und recht frisch gesungen!

Kind 1: Hör nur, wie die Trompete schallt.
Das tönt hinüber bis zum Wald.
Da fällt vom Baume fast das Laub
und in der Luft wirbelt der Staub.

Kind 2: Das Klavier hat einen Klang
wie Jägerhorn und Vogelsang.
Die Töne sausen g'rad' heraus
wie Bienen aus dem Bienenhaus.

Kind 3: Und gar der Trommel Bumm, Bumm, Bumm,
das haut den stärksten Neger um.
Man meint, man sei in Afrika,
obwohl ich da noch niemals war.

Sprecher: Die Leute kamen aus dem Hause
und machten von der Arbeit Pause.
Bald war der Marktplatz brechend voll.
Die Menschen tanzten, es war toll.

Klavier: Das hab' ich nicht im Traum gedacht.
Wir haben es scheint's recht gemacht,
daß wir ein neues Leben wagten
und in der Bodenkammer nicht verzagten.

Trompete: Jawohl, das will ich tüchtig kosten
und nicht vergammeln und verrosten.
Mein Ton ist sauber noch zum Glück.
Auswendig spiel' ich jedes Stück.

Trommel: Ich komme jetzt, bumm, bumm, bumm, bumm,
wie früher in der Welt herum.
Ich trommle gleich im Wanderschritt
und nehm' euch alle beide mit.

Sprecher: So zogen sie vereint dahin.
Sie hatten nur Musik im Sinn.
Bald war'n die Dreie hochbegehrt,
wurden berühmt und sehr geehrt.

Trompete, Trommel und Klavier
erfreuten weiter, glaube mir,
mit ihrem Spiel noch viele Leute.
Sie tun dies auch vielleicht noch heute!

Die Trompete in der Dachkammer

III. Teil: Schattenspielfiguren aus der Hauptschule

Szenen aus 1001 Nacht

In der Hauptschule zeigen die Figuren deutlich das gewachsene Formenbewußtsein durch die klare Darstellung der Proportionen und die differenzierte Gestaltung der Gliedmaßen und des Kopfes.

Literaturangaben:

Biesalski, E.: Sonderdruck aus „Einst und Jetzt" Bd. 5, 1960
Biesalski, E.: Scherenschnitt und Schattenriß ^{2}1978, Callwey, München
Boehn, Max von: „Miniaturen und Silhouetten", München 1923
Cordes, M.: „Die Technik des Schattenspiels", Weinheim 1950
Duttenhof, Luise: „Scherenschnitte", AT-Verlag, Arau 1978
Fröhlich, Karl: „Schattenliliput", 1925
Klarwill, Victor: „Silhouetten aus dem Jahre 1781", Wien 1922
Knapp, Martin: „Deutsche Schatten- und Scherenbilder aus drei Jahrhunderten", Gelber Verlag, Dachau bei München (etwa 1914)
Jacob, G. und Losch, Hans: „Das indische Schattentheater", Stuttgart 1931
Jacob, G. und Jensen, Hans: „Das chinesische Schattentheater", Stuttgart 1933
Koch, R.: „Häusliches Leben, Schattenbilder", Inselbücherei Nr. 124, Leipzig 1934
Konewka, Paul: „Schattenbilder", 1919
Lippert, Gerhard: „Modellversuch Darstellendes Spiel", Auer 1981
Raab, Alois: „Das europäische Schattenspiel", Auer
Rothe, Richard: „Der Schwarzpapierschnitt", 1920
Weismantel, L.: „Schattenspielbuch" Augsburg 1930

Bildnachweis:

Bräutigam, Gabriele
Brodhage, Ursula
Meyer, Stefan
Völkerkundemuseum Berlin